UTB 2561

D1943147

Eine Arbeitsgemeinschaft der Verlage

Beltz Verlag Weinheim · Basel
Böhlau Verlag Köln · Weimar · Wien
Wilhelm Fink Verlag München
A. Francke Verlag Tübingen und Basel
Haupt Verlag Bern · Stuttgart · Wien
Lucius & Lucius Verlagsgesellschaft Stuttgart
Mohr Siebeck Tübingen
C. F. Müller Verlag Heidelberg
Ernst Reinhardt Verlag München und Basel
Ferdinand Schöningh Verlag Paderborn · München · Wien · Zürich
Eugen Ulmer Verlag Stuttgart
UVK Verlagsgesellschaft Konstanz
Vandenhoeck & Ruprecht Göttingen
Verlag Recht und Wirtschaft Heidelberg
VS Verlag für Sozialwissenschaften Wiesbaden
WUV Facultas Wien

Soziale Arbeit im Gesundheitswesen – Band 5

Herausgegeben von Hans-Günther Homfeldt, Trier, und
Albert Mühlum, Heidelberg

Harald Ansen •
Norbert Gödecker-Geenen • Hans Nau

Soziale Arbeit im Krankenhaus

10 Abbildungen und 3 Tabellen

Ernst Reinhardt Verlag München Basel

Prof. Dr. *Harald Ansen* lehrt an der Hochschule für Angewandte Wissenschaften, Fachbereich Sozialpädagogik, Hamburg
Dipl.-Sozialarbeiter *Norbert Gödecker-Geenen*, Klinik Königsfeld in Ennepetal, Lehrauftrag an der Kath. Fachhochschule Köln
Dipl.-Sozialarbeiter *Hans Nau*, Klinikum Stuttgart

Auf der Homepage des Ernst Reinhardt Verlages finden Sie zusätzliche Materialien zum Buch: www.reinhardt-verlag.de
Die Materialien sind als PDF-Dateien verfügbar, u. a. eine Arbeitsplatzbeschreibung für die Sozialarbeit im Krankenhaus; Auszüge aus den Landeskrankenhausgesetzen und der Fragenkatalog der Nimwegener-Methode.

Bibliografische Information der Deutschen Bibliothek

Die Deutsche Bibliothek verzeichnet diese Publikation in der Deutschen Nationalbibliografie; detaillierte bibliografische Daten sind im Internet über <http://dnb.ddb.de> abrufbar.
UTB-ISBN 3-8252-2561-5
ISBN 3-497-01715-9

Einbandgestaltung: Atelier Reichert, Stuttgart
Satz: Hanseatisches Satzkontor e. K., Hamburg
Druck und Bindung: Hubert & Co., Göttingen
Printed in Germany
ISBN 3-8252-2561-5 (UTB-Bestellnummer)

Ernst Reinhardt Verlag, Kemnatenstr. 46, D-80639 München
Net: www.reinhardt-verlag.de Mail: info@reinhardt-verlag.de

Inhalt

Vorwort der Herausgeber 9

1 Auftrag und Professionsverständnis der Sozialen Arbeit im Krankenhaus 11

1.1 Soziale Arbeit im Gesundheitswesen 11

1.2 Soziale Arbeit und Krankheit 13

1.3 Elemente der Krankheitsbewältigung 16

1.4 Das Professionsverständnis der Sozialen Arbeit im Krankenhaus 18

2 Strukturbezogene Merkmale der Sozialen Arbeit 21

2.1 Die Krankenhauslandschaft in Deutschland 21

2.2 Situationsanalyse des Arbeitsfelds 23

2.3 Stellenbeschreibungen 26

2.4 Kooperationspartner des Sozialen Dienstes im Krankenhaus 28

2.4.1 Kooperationspartner im Krankenhaus 28

2.4.2 Externe Kooperationspartner 31

3 Adressaten der Sozialen Arbeit im Krankenhaus 36

3.1 Psychosoziale Probleme im Krankenhaus 36

3.2 Empirische Befunde über den Unterstützungsbedarf 39

3.3 Anforderungen an die Soziale Arbeit 41

3.3.1 Beratung und Unterstützung von älteren Patienten 41

3.3.2 Beratung und Unterstützung von jüngeren Patienten mit einem komplexen Versorgungsbedarf 46

4 Rechtliche und politische Aspekte des Arbeitsfelds 50

4.1 Rechtliche Grundlagen der Sozialen Arbeit im Krankenhaus ... 50
4.1.1 SGB V ... 50
4.1.2 Landeskrankenhausgesetze ... 51
4.1.3 SGB IX als Handlungsbasis zur Beratung von kranken und behinderten Menschen ... 51

4.2 Finanzierungsgrundlagen der Sozialen Arbeit im Krankenhaus ... 53

4.3 Sozialpolitische Rahmenbedingungen ... 56
4.3.1 Das Gesundheitswesen im Umbruch ... 56
4.3.2 Rahmenbedingungen für die Handlungsansätze der Sozialen Arbeit ... 59

5 Methodische Ansätze des Handlungsfelds ... 61

5.1 Soziale Beratung im Krankenhaus ... 61
5.1.1 Soziale Beratung im Rahmen der Sozialen Arbeit ... 61
5.1.2 Beratungs- und Unterstützungsbedarf von Patienten im Krankenhaus ... 64
5.1.3 Aspekte der Beratungsbeziehung ... 66
5.1.4 Beratungsbeginn und Erstgespräche ... 67
5.1.5 Sicherung der Existenzgrundlagen und der Versorgung ... 69
5.1.6 Persönliche Unterstützung ... 71

5.2 Case-Management im Krankenhaus ... 74
5.2.1 Strukturmerkmale des Case-Managements ... 74
5.2.2 Herkunft und aktuelle Bedeutung des Case-Managements 76
5.2.3 Grundlagen des Case-Managements im Krankenhaus ... 78
5.2.4 Konturen des Case-Managements im Krankenhaus ... 81
5.2.5 Arbeitsschritte im Case-Management ... 84

6 Strategien und Handlungskonzepte ... 89

6.1 Qualitätsentwicklung in der Sozialen Arbeit im Krankenhaus ... 89
6.1.1 Qualitätsentwicklung in der Institution Krankenhaus ... 89
6.1.2 Grundbegriffe der Qualitätsentwicklung und ihre Bedeutung für die Soziale Arbeit ... 90

6.1.3 Qualitätsinstrumente des Arbeitsfelds 92

6.2 Behandlungsstandards und Praxiskonzepte 97
6.2.1 Positionspapier „Entlassungsmanagement“ der DVSG . . . 97
6.2.2 Luisenhospital, Aachen: Die Sozialvisite 99
6.2.3 Krankenhaus München-Neuperlach: Die koordinierte Entlassung 100

7 Ethische Aspekte des Arbeitsfelds 103

7.1 Ethische Aspekte im Krankenhaus 103

7.2 Ethik und Soziale Arbeit 107

7.3 Menschenwürde als ethische Maxime in der Sozialen Arbeit 109

7.4 Verantwortung in der sozialen Praxis 112

7.5 Ethik im Krankenhaus 115

8 Geschichte der Sozialen Arbeit im Krankenhaus 117

8.1 Geschichtliche Entwicklung bis 1933 117

8.2 Die Rolle der Sozialdienste im Nationalsozialismus 121

8.3 Die Zeit nach 1945 122

8.4 Die Entwicklung der Deutschen Vereinigung für den Sozialdienst im Krankenhaus nach 1945 123

8.5 Pioniere der Sozialen Arbeit im Krankenhaus 125

9 Soziale Arbeit im Gesundheitswesen der Zukunft 127

9.1 Die Zukunft Sozialer Arbeit in der Institution Krankenhaus 127
9.1.1 Der künftige Versorgungsbedarf 127
9.1.2 Koordination des Entlassungsmanagements 128
9.1.3 Schnittstelle zwischen stationärer Behandlung und der nachsorgenden Betreuung 130
9.1.4 Implementierter Bestandteil des Behandlungsprozesses . . 132

9.2 Perspektiven im Kontext des strukturellen Wandels 133
9.2.1 Neue Versorgungsstrukturen – Chance für die Soziale Arbeit 133
9.2.2 Soziale Arbeit als Lotse des Gesundheitswesens der Zukunft 135

Literatur 137

Sachregister 147

Vorwort der Herausgeber

I Zur Buchreihe „Soziale Arbeit im Gesundheitswesen"

Gesund sein will jeder, und gleichzeitig ist Gesundheit ein gesellschaftliches Gut von hohem Rang. Erstaunlicherweise ist aber das, was der Einzelne und die Gemeinschaft dafür aufzuwenden bereit sind, erheblichen Schwankungen unterworfen. Erst im 19. Jahrhundert wurde Gesundheit zu einem öffentlichen Wert – und damit die Gesundheitssicherung zu einer öffentlichen Aufgabe. Gesundheitspflege und -fürsorge differenzierten sich dann im 20. Jahrhundert zu einer *Sozialen Arbeit im Gesundheitswesen*, die als präventive, kurative, rehabilitative, begleitende und nachsorgende „Gesundheitsarbeit" wachsende Bedeutung erlangte. Im Kontext von Armut und Krankheit, Behinderung und sozialer Benachteiligung findet sie heute in ambulanten wie stationären Diensten vielfältigen Ausdruck. Die gesundheitsförderlichen Funktionen und Tätigkeitsbereiche zu präzisieren und ihre sozialarbeiterische Qualität zu steigern sind – gestützt auf die gesundheitspolitische Agenda der Vereinten Nationen – dringliche Anliegen der Profession und Disziplin Sozialer Arbeit.

In der Reihe „Soziale Arbeit im Gesundheitswesen" bieten ausgewiesene Fachleute eine Grundorientierung zu wichtigen Gesundheitsfeldern an. Sie führen in die Soziale Arbeit der Rehabilitation, der Suchtprävention, der Hospizarbeit, der Frühförderung, des Öffentlichen Gesundheitsdiensts, des Krankenhauses, der Psychiatrie, der Pflege, der Prävention, der Klinischen Sozialarbeit sowie der Integrierten Versorgung ein. Zur besseren Lesbarkeit und Vergleichbarkeit haben alle Bände die gleiche Grundstruktur. Die Herausgeber hoffen, einer sich ständig weiterentwickelnden Sozialen Arbeit im Gesundheitswesen eine Orientierung anzubieten, aber auch zur weiteren Professionalisierung beitragen (und herausfordern) zu können.

II Zum 5. Band: Soziale Arbeit im Krankenhaus

Fast jeder vierte Bundesbürger wird im Laufe eines Jahres zum Krankenhauspatienten (17,2 Mio. behandelte Menschen waren es laut Statistischem Bundesamt im Jahr 2000). Zählt man durchschnittlich nur einen Angehörigen hinzu, ist nahezu die Hälfte der Bevölkerung in jedem Jahr unmittelbar betroffen – mit steigender Tendenz. In nicht wenigen Fällen ist der Klinikaufenthalt mit so schwerwiegenden körperlichen, seelischen oder sozialen Beeinträchtigungen verbunden, dass sozialprofessionelle Hilfe benötigt wird. Der Sozialdienst im Krankenhaus ist daher mehr als nur eine Nische, wie angesichts des Übergewichts von Pflegekräften und Ärzten vermutet werden könnte. Und er kann seinen originären Beitrag auch nachweisen. Die Spezialisierung und Ökonomisierung des Medizinsektors erhöhen z. B. den Entlassungsdruck (Fallpauschalen) und lassen die psychosoziale Unterstützung vor allem für ältere und chronisch kranke Patienten immer wichtiger werden. Diese erwarten zu Recht professionelle Beratung *und* mitmenschliche Unterstützung bei der Krankheitsbewältigung und Wiedergewinnung größtmöglicher Autonomie der alltäglichen Lebensführung. Diese genuine Aufgabe der Sozialarbeit wird durch die heilende Wirkung einer ganzheitlichen Betrachtung (systemische Sichtweise) ergänzt, die den kranken Menschen in seiner bio-psychosozialen Situation ernst nimmt und zur Verbesserung seines relativen Wohlbefindens beiträgt (Salutogenese). Daher ist eine gesundheitsfördernde integrative Soziale Arbeit auch im Akutkrankenhaus – als Schnittstelle von stationärer Versorgung und Alltagsleben und Kernbereich einer integrierten Versorgung im Gesundheitssystem der Zukunft – unverzichtbar.

Trier und Heidelberg, im März 2004
Hans-Günther Homfeldt und Albert Mühlum

1 Auftrag und Professionsverständnis der Sozialen Arbeit im Krankenhaus

Die Soziale Arbeit im Krankenhaus ist ein Teil der Sozialen Arbeit im Gesundheitswesen. Für das professionelle Selbstverständnis der Sozialen Arbeit im Krankenhaus ist es hilfreich, von den allgemeinen Behandlungsleistungen der Sozialen Arbeit im Gesundheitswesen auszugehen (1.1). Eine genauere Bestimmung der sozialarbeiterischen Zuständigkeit resultiert aus der Analyse der Zusammenhänge zwischen Sozialer Arbeit und Krankheit (1.2). Von hier aus ist es möglich, die sozialarbeiterischen Beiträge zur Krankheitsbewältigung zu konkretisieren (1.3) und das professionelle Profil der Sozialen Arbeit im Krankenhaus zu umreißen (1.4).

1.1 Soziale Arbeit im Gesundheitswesen

Das Gesundheitswesen dient der Wahrung und Förderung der Gesundheit der Bevölkerung. Hierfür stehen medizinisch dominierte Vorsorge-, Behandlungs- und Nachsorgemaßnahmen zur Verfügung. In der Gesundheitsversorgung sind staatliche und nicht-staatliche Institutionen tätig. Zu den Leistungsträgern im Gesundheitswesen zählen die Krankenversicherung, die Arbeitgeber, die öffentlichen Haushalte, die privaten Haushalte, die Rentenversicherung und die Unfallversicherung.

Die Leistungen der Krankenkassen, die quantitativ am bedeutsamsten sind, werden nach Sach- und Geldleistungen unterschieden. Mit Geldleistungen ist vor allem das Krankengeld gemeint. Sachleistungen umfassen:

- Maßnahmen zur Gesundheitsförderung und Krankheitsfrüherkennung,
- ärztliche und zahnärztliche Behandlung,
- Versorgung mit Verband-, Arznei-, Heil- und Hilfsmitteln,
- Krankenhausbehandlung,
- Hilfe bei Schwerpflegebedürftigkeit,
- häusliche Krankenpflege und Haushaltshilfe,

- medizinische und ergänzende Leistungen zur Rehabilitation, Belastungserprobung und Arbeitstherapie,
- Leistungen bei Schwangerschaft und Mutterschaft,
- Leistungen der künstlichen Befruchtung.

Die Arbeitgeber tragen mit der Lohnfortzahlung im Krankheitsfall, den Mutterschaftsleistungen, den betriebsärztlichen Diensten und den Beihilfen zur Finanzierung des Gesundheitswesens bei. Mit öffentlichen Mitteln werden Investitionen für Krankenhäuser, der öffentliche Gesundheitsdienst, die Forschung und Lehre und Maßnahmen zur beruflichen Teilhabe finanziert. Die Rentenversicherung ist gefordert, wenn es darum geht, Erwerbsminderungen durch Rehabilitationsmaßnahmen und Berufsförderung zu verhindern. Die Unfallversicherung tritt mit umfassenden Leistungen bei Berufskrankheiten und Wegeunfällen ein (Waller 2002). In der aktuellen politischen Auseinandersetzung mit dem Gesundheitswesen werden vor allem die Finanzierungsschwierigkeiten diskutiert. Die Soziale Arbeit im Gesundheitswesen kann heute nicht mehr so tun, als ginge sie diese Debatte nichts an. Sie muss ihre Behandlungsbeiträge, die Geld kosten, professionell ausweisen und ihre Wirksamkeit dokumentieren. Ohne diese Arbeitsschritte wird die Soziale Arbeit weiter aus dem Gesundheitswesen verdrängt werden. Es ist sicherlich kein Zufall, dass die Krankenhaussozialdienste häufig als Erste zur Disposition stehen, wenn beispielsweise im Krankenhaus gespart werden soll.

Der Weg der Professionalisierung sollte aber nicht dazu führen, die Soziale Arbeit im Gesundheitswesen in einen Heilberuf zu transformieren. Die Chancen der Sozialen Arbeit in diesem wichtigen Arbeitsfeld sind günstiger, wenn sie als originäre Disziplin und Profession auftritt. Sie ist in unterschiedlichen Einrichtungen und Arbeitsfeldern mit Gesundheit und Krankheit konfrontiert. Soweit es um Behandlung geht, stehen Krankenhäuser und Fachkliniken, die Suchtkrankenhilfe, die Psychiatrie und teilweise die Alten- und Behindertenhilfe im Mittelpunkt sozialarbeiterischer Einsatzmöglichkeiten. Das Thema der Behandlung spielt auch in der betrieblichen Sozialarbeit, im Allgemeinen Sozialen Dienst oder in der Wohnungslosenhilfe eine wichtige Rolle, um nur wenige Beispiele zu nennen. Behandelnde Arbeitsansätze stellen eine Querschnittskompetenz in der Sozialen Arbeit dar.

Die Soziale Arbeit im Gesundheitswesen wird tätig, wenn Menschen durch Krankheiten in ihrer lebenspraktischen Autonomie beeinträchtigt sind. Im Mittelpunkt der Tätigkeiten stehen persönliche, soziale, ökonomische, rechtliche und verwaltungsbezogene Hilfen. Sozialarbeiter im Gesundheitswesen beraten, betreuen und unterstützen Patienten, sie organisieren und koordinieren Hilfen und arbeiten mit unterschiedlichen Professionen zusammen (Homfeldt 2002, 317). Nach Schätzungen sind heute etwa 10 % aller Sozialarbeiter/-innen in unterschiedlichen Bereichen des Gesundheitswesens beschäftigt (Waller 2002).

1.2 Soziale Arbeit und Krankheit

Die Soziale Arbeit ist nicht für jede Krankheit zuständig. Für die Soziale Arbeit sind solche Erkrankungen relevant, die komplikationsreich verlaufen und mit sozialen Konsequenzen verbunden sind, die die Patienten belasten und den Heilungsverlauf beeinflussen. Angesprochen sind damit in erster Linie chronische Erkrankungen, die mit den hoch entwickelten Behandlungsmethoden der Akutmedizin nicht geheilt werden können. Heute fallen mehr als drei Viertel aller Krankheiten unter die Rubrik der chronischen Erkrankungen, darunter vor allem Herz-Kreislauf-Erkrankungen, Beschwerden des Muskel- und Skelettsystems, Stoffwechselerkrankungen, Tumorerkrankungen und psychische Störungen (Rosenbrock/Gerlinger 2004). Chronische Erkrankungen haben den noch zu Beginn des 20. Jahrhunderts dominierenden Akuterkrankungen längst den Rang abgelaufen. Sie erfordern neben kurativen Interventionen auch persönliche Hilfen zur Krankheitsbewältigung, ökonomische Kompensationen und die Sicherung von sozialer Unterstützung, die bei einem längeren Krankheitsverlauf immer gefährdet ist. Für die Soziale Arbeit sind die sozialen, ökonomischen und psychischen Implikationen von Krankheiten relevant, um ein fachlich angemessenes Verständnis zu entwickeln und geeignete Interventionen planen und durchführen zu können.

In der englischen Sprache wird zwischen „disease“, der objektivierbaren Krankheit, und „illness“, dem subjektiven Kranksein, unterschieden. Das subjektive Erleben des Krankseins muss nicht zwingend mit einer objektiven Krankheit zusammenhängen. „Hinter der Unterscheidung zwischen Krankheit und Kranksein steht zunächst die Alltagsweisheit – die weitreichende und weithin übersehene Konsequenzen hat –, dass Arzt und Patient die Welt aus unterschiedlicher Perspektive wahrnehmen. Für den Patienten ist die Krankheit immer eine gelebte Erfahrung, während der Arzt dem Bericht des Patienten über seine Krankheit entnimmt, dass hier wahrscheinlich ein medizinisches Problem vorliegt, das einer biologischen Erklärung bedarf" (Morris 2000). Im sozialarbeiterischen Umgang mit Patienten berücksichtigen wir explizit das subjektive Krankheitserleben, das für den Behandlungsverlauf äußerst relevant ist. Die Einsichten der Salutogenese sind in diesem Punkt überzeugend (s. u.).

Ein dritter Begriff spielt in der Analyse von Krankheiten eine zentrale Rolle. Es handelt sich um „sickness", der Seite der Krankheit, die mit sozialen Konsequenzen verbunden ist. Hierzu zählen Rollenverluste, mögliche Stigmatisierungen und auch finanzielle Einbußen, beispielsweise bei Krankengeldzahlungen, die heute etwa 80 % des letzten Nettoeinkommens betragen und für maximal 78 Wochen für die gleiche Krankheit innerhalb von drei Jahren gezahlt werden. In diesem Zusammenhang ist auch der Hinweis wichtig, dass die Krankheitsrisiken in der Gesellschaft ungleich verteilt sind. Gemessen am erreichten Bildungsabschluss, der Einkommenshöhe und der Stellung im Beruf, trägt das untere Fünftel unserer Gesellschaft im Vergleich mit dem obersten Fünftel ein doppelt so hohes Risiko zu erkranken und vorzeitig zu sterben (Rosenbrock/Gerlinger 2004).

Die Soziale Arbeit steht vor der Aufgabe, die biologischen Aspekte der Krankheit zu würdigen und dabei die subjektiven und sozialen Auswirkungen, die zugleich auch Ursachen für Komplikationen in der Behandlung sein können, bewältigen zu helfen. Mittelbar tragen diese Behandlungsansätze auch zum Gelingen der medizinischen Therapie bei, wenn etwa durch eine Entlastung des Patienten und durch soziale und wirtschaftliche Hilfen der Allgemeinzustand und das Immunsystem verbessert werden. Durch die Überlagerung der Maßnahmen und Effekte ist es nicht immer möglich, die spezifischen von den unspezifischen Behandlungsbeiträgen der Sozialen Arbeit abzugrenzen. Die Frage der Abgrenzung hat aber einen hier zu vernachlässigenden akademischen Charakter.

In der weiteren Argumentation stehen die Behandlungsbeiträge der Sozialen Arbeit bei chronischen Erkrankungen im Mittelpunkt. Die hier gewonnenen Einsichten sind auf akut kranke Menschen übertragbar. Bei einer chronischen Erkrankung – unabhängig davon, ob es um eine körperliche oder seelische Erkrankung geht – handelt es sich um eine nicht heilbare Krankheit, die den Betroffenen auch in symptomfreien Abschnitten lebenslang begleitet. Die Symptome können durch therapeutische Maßnahmen teilweise gelindert oder gebessert werden. Für die Soziale Arbeit ist die Frage relevant, wie die Betroffenen und ihr Umfeld auf die Krankheit reagieren. Chronisch Kranke erleben eine Zäsur in ihrer Lebensgeschichte. Sie müssen sich mit bleibenden Einschränkungen arrangieren. Zu den häufigsten Konsequenzen zählen folgende Belastungen:

- Die Betroffenen müssen lernen, Krankheitssymptome realistisch wahrzunehmen, mit Schmerzen umzugehen, Behandlungsentscheidungen zu treffen und mit einem unberechenbaren Krankheitsverlauf zu leben.
- Die Betroffenen erleben weitreichende Veränderungen des Alltags, sie müssen sich einrichten, Über- und Unterforderungen vermeiden und einen Wechsel in ihren Berufs-, Familien- und Freizeitrollen verkraften, die auch ihr soziales Umfeld verändern.
- Die Betroffenen müssen sich auf Versorgungssysteme einstellen, mit unterschiedlichen Fachkräften umgehen, die je eigene Relevanzkriterien verfolgen.
- Die Betroffenen müssen auch finanzielle Einbußen hinnehmen und teilweise akzeptieren, dass sie auf Sozialleistungen angewiesen bleiben (Schaeffer/Moers 2000, 451f).

Die skizzierten Belastungen erfordern einen behutsamen Umgang mit den Patienten. Konsequenzen ergeben sich für die Kommunikation und die Auswahl der Beratungsthemen. Nicht jedes psychosoziale Behandlungsthema ist den Betroffenen zu jeder Zeit zumutbar. Sie benötigen Zeit, um die Krankheit zu verarbeiten. Um sozialarbeiterischen Interventionen eine angemessene Richtung zu geben, sind vertiefte Krankheitskenntnisse ebenso wie ein Verständnis von Gesundheit unerlässlich. Das folgende Grundverständnis, das aus der Gesundheitssoziologie stammt, ist für die Soziale Arbeit besonders instruktiv:

„Körperliche, seelische und soziale Gesundheit ist gegeben, wenn ein Mensch konstruktive Sozialbeziehungen aufbauen kann, sozial integriert ist, eine angemessene Befriedigung der Grundbedürfnisse durch die ökologische Umwelt erfährt, die eigene Lebensgestaltung an die wechselhaften Belastungen des Lebensumfelds anpassen und dabei die persönlichen Bedürfnisse ausdrücken und Sinnerfüllung finden kann, und wenn dieses im Einklang mit den biogenetischen und physiologischen Potenzialen und den körperlichen Möglichkeiten geschieht" (Hurrelmann 2000, 65).

Im Ergebnis können wir mit Mühlum (2001, 115f) festhalten, dass die Soziale Arbeit mit ihren Beiträgen zur Verbesserung der Lebensumstände und der Bewältigung von Problemen gesundheitsrelevant ist. Die individuelle Lebensweise und die sozialen Lebensbedingungen sind bei der Reflexion der Krankheitsursachen und der Behandlungsmöglichkeiten immer einzubeziehen. Die Soziale Arbeit konzentriert sich im Umgang mit kranken Menschen auf die biografischen und lebensweltlichen Aspekte, die sozialen Umstände und die Beziehungen bzw. primären und sekundären Netze der Betroffenen (Filsinger/Homfeldt 2001, 706). Mit dieser Ausrichtung trägt die Soziale Arbeit zu einer Perspektivenerweiterung im Gesundheitswesen bei, die vor allem bei chronischen und komplikationsreichen Erkrankungen unabdingbar ist.

1.3 Elemente der Krankheitsbewältigung

„Krankheitsbewältigung (Coping) kann als das Bemühen definiert werden, bereits bestehende oder erwartete Belastungen durch die Krankheit innerpsychisch (emotional/kognitiv) oder durch zielgerichtetes Handeln vorbeugend auszugleichen oder ihre Manifestation zu verarbeiten und zu meistern“ (Heim/Meyer 1998). Die Krankheitsbewältigung setzt eine intensive Auseinandersetzung mit den möglichen Folgen der Krankheit voraus, beispielsweise mit der verbleibenden Lebenszeit, der erhaltenen bzw. bedrohten Selbstständigkeit sowie den familiären und sozialen Konsequenzen. Gleichzeitig kommt es in diesem Prozess darauf an, neue Lebensinhalte zu finden, die mit den körperlichen, seelischen und sozialen Realitäten vereinbar sind (Corbin 1996, 176f.). Im Prozess der Krankheitsbewältigung ist es notwendig, die emotionalen, kognitiven und handlungsbezogenen Reaktionen der Betroffenen so zu beeinflussen, dass neue Handlungsmöglichkeiten entstehen und nicht Resignation und Abwehr das Handeln bestimmen (Gerdes/Weis 2000, 57f).

Nach Hurrelmann tragen aus der Perspektive der Gesundheitssoziologie folgende Hilfen zu einer verbesserten Krankheitsbewältigung bei:

- Vermittlung genauer Informationen über die Krankheit und die möglichen Auswirkungen auf das Alltagsleben, um eine selbstbestimmte Verhaltenssteuerung und angemessene Behandlungsentscheidungen zu ermöglichen.
- Stärkung der Interaktionskompetenz für den Umgang mit Professionellen und Versorgungsangeboten, aber auch mit den Angehörigen und dem sozialen Umfeld.
- Aufzeigen von Handlungsmöglichkeiten, mit denen die Krankheit beeinflusst werden kann, beispielsweise im Bereich von Lebensgewohnheiten (Hurrelmann 2000, 120f).

Eine konstruktive Auseinandersetzung mit Krankheit führt häufig auch zu besseren Behandlungsergebnissen und einer optimierten Compliance, die gerade bei chronischen Erkrankungen eine wichtige Rolle spielt. Die negativen Auswirkungen einer mangelnden Kooperation dürfen nicht unterschätzt werden, wenn etwa belastende Lebensgewohnheiten wie Rauchen, Bewegungsmangel oder cholesterinreiche Ernährung trotz koronarer Erkrankungen beibehalten werden. Um die Bereitschaft zur Mitarbeit in der Behandlung zu fördern und den Prozess der Krankheitsbewältigung insgesamt zu unterstützen, ist eine salutogene Herangehensweise indiziert. Für die Salutogenese lautet die zentrale Frage, wie es Menschen trotz krankheitserregender Belastungen gelingt, gesund zu bleiben bzw. bei einer manifesten Erkrankung wieder gesund oder gesünder zu werden.

Antonovsky hält das vom ihm erforschte Kohärenzgefühl für ausschlaggebend. Bezogen auf den Umgang mit Krankheit bedeutet das Kohärenzgefühl, dass eine konstruktive Verarbeitung dann am besten gelingt, wenn die Krankheit von den Betroffenen auf der Grundlage ausreichender Informationen verstanden wird. Die Krankheit erscheint dann am ehesten handhabbar, sie tritt nicht als ein unabwendbares Schicksal auf. Nur so kann der Betroffene die Krankheit auch als Herausforderung annehmen (Antonovsky 1997, 33f).

Die Förderung des Kohärenzgefühls erfolgt im persönlichen Umgang mit den Patienten. Ergänzend zu dieser personalen und edukativen Intervention sind Hilfen erforderlich, die das soziale Umfeld des Betroffenen stabilisieren oder neu aufbauen. Die soziale Unterstützung durch primäre Netze, wie die Familie und den Freundeskreis, und durch sekundäre Netze, wie Vereine oder Selbsthilfegruppen, bietet kranken Menschen einen emotionalen Beistand durch Trost und Präsenz, sie wirken durch Informationen und klärende Gespräche ermutigend und motivierend, sie liefern aber auch praktische Formen der Unterstützung und tragen im Ergebnis zu einer besseren sozialen Integration bei. Durch diese Einflüsse entfalten sie eine Atmosphäre, in der Krankheiten seltener auftreten, weniger eskalieren und besser bewältigt werden können (Paulus 1997, 179f). Die ausdrückliche Berücksichtigung des sozialen Umfelds ist für sozialarbeiterische Interventionen neben den personalen Ansätzen und der Verbesserung der materiellen Lebensgrundlagen heute selbstverständlich. In diesem Dreieck sind die konkreten Behandlungsbeiträge der Sozialarbeit im Gesundheitswesen angesiedelt.

1.4 Das Professionsverständnis der Sozialen Arbeit im Krankenhaus

Die Überlegungen zur Sozialen Arbeit im Gesundheitswesen bilden das Fundament, auf dem das Professionsverständnis der Sozialen Arbeit im Krankenhaus entwickelt wird. Die Professionalisierung der Sozialen Arbeit im Gesundheitswesen ist unterschiedlich weit entwickelt. Filsinger und Homfeldt (2001, 705) konstatieren, dass die Arbeitsansätze für sozialarbeiterische Tätigkeiten im ambulanten Bereich differenzierter sind als für den stationären Bereich, etwa der Sozialen Arbeit im Krankenhaus. Gerade im Krankenhaus, das von medizinischen und administrativen Fragen dominiert wird, fällt es der Sozialen Arbeit besonders schwer, ihre Kompetenzen darzustellen. Der zukünftige Status der Sozialen Arbeit im Krankenhaus hängt aber davon ab, ob es ihr gelingt, ihre eigenständigen Behandlungsbeiträge deutlich zu machen.

Für das professionelle Selbstverständnis der Sozialen Arbeit im Krankenhaus ist es sinnvoll, auf das Konzept der Klinischen Sozialarbeit zurückzugreifen, das auch in der bundesdeutschen Diskussion zunehmend beachtet wird. Die Soziale Arbeit im Krankenhaus ist ein Element der Klinischen Sozialarbeit. Bei der Klinischen Sozialarbeit handelt es sich um eine behandelnde Sozialarbeit, die bei Krankheiten, Behinderungen oder psychosozialen Krisen gefordert ist. „Gegenstand klinischer Sozialarbeit sind psychosoziale Störungen und körperliche Beeinträchtigungen in ihrem sozialen Zusammenhang, wobei mit der professionellen Kompetenz Sozialer Arbeit auf Heilung, Linderung oder Besserung hingewirkt wird. Entweder setzt klinische Sozialarbeit im System der Gesundheitsversorgung an, wenn Erkrankungen eine soziale Problematik mit sich bringen, die behandelt werden muss, oder therapeutisches, präventives oder rehabilitatives Handeln ist in einem sozialen Kontext angebracht, um Gesundheit wiederherzustellen, zu bessern oder zu erhalten.“ (Wendt 2000, 4–17)

Die Klinische Sozialarbeit ist ein Begriffsimport aus den USA. Dort versteht man unter Klinischer Sozialarbeit direkte Hilfen für Menschen in Notlagen wie Krankheit, Behinderung oder psychosozialen Problemen im Zusammenhang mit Wohnungslosigkeit oder Einsamkeit (Swenson 1995, 503f). In der deutschen Sozialarbeit hat dieser Ansatz, wenn auch unter anderen Begriffen, eine lange Tradition, wie die frühere Fürsorgetätigkeit in Krankenhäusern, die behördliche Gesundheitsfürsorge oder unterschiedliche Beratungsansätze zeigen. Die Orientierung der Klinischen Sozialarbeit an den psychosozialen Implikationen von Krankheiten, Behinderungen oder auch materiellen und sozialen Notlagen führt zu mehrdimensionalen Beratungs- und Behandlungsansätzen, die für die Soziale Arbeit im Krankenhaus unverzichtbar sind. Die Klinische Sozialarbeit vereint unterschiedliche methodische Ansätze, die den subjektiven Überforderungen der Klientel ebenso Rechnung tragen wie den sozialen Problemen und den Ausstattungsdefiziten. Das Methodenspektrum der Klinischen Sozialarbeit umfasst die Soziale Beratung und Unterstützung, die Krisenintervention, sozialanwaltliches Engagement und praktische Hilfen im Alltag. Diese Ansätze werden auch in der Sozialen Arbeit im Krankenhaus benötigt.

Um den vielfältigen Anforderungen im Gesundheitswesen gerecht werden zu können, ist die Soziale Arbeit auf breite Wissensgrundlagen angewiesen. Die Soziale Arbeit bringt ihr Wissen über soziale Probleme und die Möglichkeiten und Grenzen der sozialen Sicherung in prekären Lebenslagen in die Behandlung ein. Sie greift auf ihre unterschiedlich elaborierten Methoden der Beratung, sozialen Unterstützung, Gruppenarbeit und Arbeit im Sozialraum zurück. Diese sozialarbeiterischen Kernkompetenzen werden mit gesundheits- und krankheitsrelevanten Erkenntnissen anderer Disziplinen und Professionen kombiniert. Hierzu zählen nach von Kardorff (1999, 345f) ausgewählte Aspekte der Sozialmedizin, der Gesundheitspsychologie, der Pflegewissenschaft, der Gesundheitswissenschaft einschließlich Public Health, der Sozialen Gerontologie, der Rehabilitationswissenschaften, der Klinischen Psychologie, der Gemeindepsychologie und der Medizinsoziologie. Dieser Katalog notwendiger Wissensbestandteile unterstreicht den wissenschaftlichen und professionellen Anspruch der Sozialen Arbeit im Krankenhaus. Als Klinische Sozialarbeit hat sie keinen Grund, ihre Behandlungsbeiträge als gering zu erachten. Sie stehen auf einer Ebene mit den ärztlichen und pflegerischen Maßnahmen.

Die Soziale Arbeit wird in der Versorgung chronisch kranker Menschen zunehmend gebraucht. Das gilt auch für das Krankenhaus, das ohne die Beiträge der Sozialen Arbeit einen Teil seines Behandlungsauftrags nicht realisieren könnte. Die Soziale Arbeit im Krankenhaus trägt zu einem vertieften Verständnis der sozialen Situation der Patienten bei, sie leistet Hilfen zur Bewältigung sozialer, materieller und persönlicher Probleme der Patienten und ihrer Angehörigen und sie sorgt für eine angemessene Nachsorge bzw. Weiterbehandlung. Witterstätter (2003) listet Tätigkeiten auf, die im Mittelpunkt der Sozialen Arbeit im Krankenhaus stehen (s. Abb. 1).

Die Umsetzung dieses Leistungskatalogs der Sozialen Arbeit im Krankenhaus setzt umfangreiche methodische Kompetenzen voraus. Gebraucht werden Fähigkeiten zur Gesprächsführung, zur Krisenintervention, zur Analyse und Lösung familiärer Belastungen, zur Gesundheitserziehung und -beratung, zur Vermittlung lebenspraktischer Fähigkeiten, zur Erschließung von Sozialleistungen und zur Organisation und Koordination von Nachsorgemaßnahmen. In den folgenden Abschnitten werden die strukturellen und rechtlichen Rahmenbedingungen der Sozialen Arbeit im Krankenhaus und die methodischen Anforderungen behandelt, die dazu beitragen, den fachlichen Anspruch einer Klinischen Sozialarbeit im Krankenhaus einzulösen.

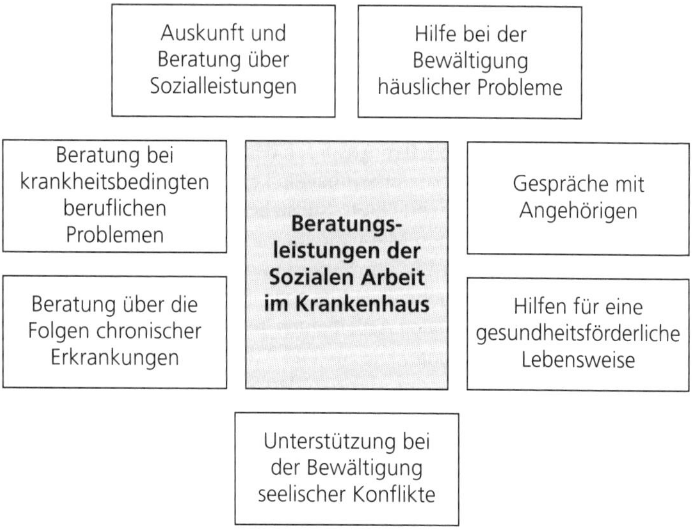

Abb. 1: Beratungsleistungen der Sozialen Arbeit im Krankenhaus

2 Strukturbezogene Merkmale der Sozialen Arbeit

Die Soziale Arbeit ist in einem differenzierten System von Krankenhäusern mit unterschiedlichen Schwerpunkten tätig (2.1). Die Sozialarbeiter stellen die kleinste Berufsgruppe im Krankenhaus, die angesichts der veränderten Abrechnungsmodalitäten vor besonderen Herausforderungen steht. Die Soziale Arbeit im Krankenhaus muss zukünftig eine Gratwanderung zwischen Beiträgen zur Verkürzung der Liegezeiten und der Aufrechterhaltung ihrer fachlichen Standards bewältigen (2.2). Dabei ist die Soziale Arbeit auf verbindliche Stellenbeschreibungen angewiesen, die noch immer nicht flächendeckend eingeführt worden sind (2.3). Stellenbeschreibungen würden zu klaren Konturen der Sozialen Arbeit beitragen, die vor allem auch für die Kooperation mit anderen Berufsgruppen im Krankenhaus und mit externen Partnern relevant sind (2.4).

2.1 Die Krankenhauslandschaft in Deutschland

Nach §107 SGB V sind Krankenhäuser Einrichtungen, die

- der Krankenhausbehandlung oder Geburtshilfe dienen,
- fachlich-medizinisch unter ständiger ärztlicher Leitung stehen, über ausreichende, ihrem Versorgungsauftrag entsprechende diagnostische und therapeutische Möglichkeiten verfügen und nach wissenschaftlich anerkannten Methoden arbeiten,
- mithilfe von jederzeit verfügbarem ärztlichen, Pflege-, Funktions- und medizinisch-technischem Personal darauf eingerichtet sind, vorwiegend durch ärztliche und pflegerische Hilfeleistung Krankheiten der Patienten zu erkennen, zu heilen, ihre Verschlimmerung zu verhüten, Krankheitsbeschwerden zu lindern oder Geburtshilfe zu leisten und in denen
- die Patienten untergebracht und verpflegt werden können.

Zugelassene Krankenhäuser sind Hochschulkliniken, Krankenhäuser, die im Krankenhausplan eines Landes aufgenommen sind, und Krankenhäuser mit einem Versorgungsvertrag mit den Krankenkassenverbänden (DKG 2002a, 10). Krankenhäuser sind Orte mit zentraler und spezialisierter ärztlicher und pflegerischer Betreuung. Damit ist die Vorstellung verbunden, dass mit dieser Form der konzentrierten Versorgung eine kostengünstige und effiziente gesundheitliche Behandlung ermöglicht wird (Glatze/Mehs 1978, 19).

Die Zahl der Krankenhäuser sinkt seit Jahren kontinuierlich. Gab es 1960 in Deutschland (West- und Ostdeutschland zusammen) noch 4.426 Kliniken, waren es im Jahr 2000 nur noch 2.242. Die Zahl der Betten ist in diesem Zeitraum in wesentlich geringerem Umfang gefallen, von 788.280 auf 559.651 (DKG 2002a, 16). Dies belegt eine Konzentration auf größere Institutionen. Kleinere Krankenhäuser wurden geschlossen, oder es erfolgten Zusammenschlüsse, in erster Linie aus ökonomischen Gründen.

Krankenhäuser lassen sich nach Indikationsspektrum, Trägerschaft sowie nach dem Versorgungsauftrag differenzieren. Im Krankenhausfinanzierungsgesetz wird eine Unterteilung in Grund-, Regel, Schwerpunkt- oder Maximalversorgung sowie Fachkrankenhäuser bzw. Fachkliniken vorgenommen (Gödecker-Geenen 2002, 441f.). Krankenhäuser der Grund- und Regelversorgung bieten ein eingeschränktes Leistungsspektrum und sind vorwiegend in kleineren Städten anzutreffen, während ein Krankenhaus der Maximalversorgung umfassende medizinische Behandlung offeriert. Krankenhäuser der Maximalversorgung findet man in Ballungszentren mit großem Einzugsbereich. Entsprechend unterschiedlich sind auch die mit den Krankenkassen ausgehandelten Pflegesätze sowie die internen Kosten. Bezüglich der Trägerschaft gibt es drei Kategorien:

- öffentliche Krankenhäuser (Bund, Länder, Kommunen)
- frei-gemeinnützige Krankenhäuser (religiöse, kirchliche, humanitäre oder soziale Träger)
- private Krankenhäuser (stehen in privater Rechtsform und werden nach erwerbswirtschaftlichen Grundsätzen betrieben)

Die Anzahl privater Krankenhäuser ist in den letzten Jahren gestiegen. Einschränkend gilt allerdings, dass die Krankenhäuser in öffentlicher Trägerschaft in 2001 knapp 54 % aller Betten vorhielten, während der Anteil der privat betriebenen Krankenhäuser bei etwa 8 % lag (Rosenbrock/Gerlinger 2004).

Um die Versorgung der Patienten im Krankenhaus sicherzustellen, sind verschiedene Berufsgruppen erforderlich. Neben Pflegekräften und

Ärzten sind Mitarbeiter des medizinisch-technischen Dienstes, der Wirtschafts- und Versorgungsdienst, Verwaltung und sonstige Dienste (z. B. Sozialdienst im Krankenhaus) in die Behandlung und Versorgung eingebunden.

Kooperationspartner der Sozialarbeit sind in erster Linie Ärzte und Pflegekräfte, aber auch andere an der Behandlung beteiligte Berufsgruppen wie Krankengymnasten, Logopäden, Seelsorger, Ergotherapeuten, Psychologen u. a. Darüber hinaus besteht intensiver Kontakt zur Verwaltung, insbesondere zur Patientenadministration.

2.2 Situationsanalyse des Arbeitsfelds

Die Arbeitssituation von Sozialarbeiterinnen im Krankenhaus ist durch institutionelle Vorgaben strukturiert, die die relative Vagheit ihres Funktionsbereichs und ihre tendenzielle Randständigkeit als berufliche Gruppe im Rahmen der medizinischen Versorgung bedingen (Bollinger/Hohl 1981). Diese 1981 getroffene Feststellung hat auch heute noch Gültigkeit. In manchen kleineren Krankenhäusern ist der Sozialdienst nur mit einer Person besetzt. Vergleichbare Zahlen über Sozialarbeiter werden von der Deutschen Krankenhausgesellschaft erst seit wenigen Jahren erhoben. Im Jahr 2000 waren 5.617 Sozialarbeiter in Krankenhäusern beschäftigt, davon knapp die Hälfte (2.561) in Teilzeit. Bezogen auf das Jahr 2000 standen einem Sozialarbeiter ca. 2.000 andere Beschäftigte im Krankenhaus gegenüber (DKG 2002a, 38). Hillers hat errechnet, dass, bezogen auf das Gesamtpersonal eines Krankenhauses, 0,5 % Mitarbeiter des Sozialdiensts sind (Hillers 1994).

Die geringe quantitative Präsenz der Sozialen Arbeit im Krankenhaus offenbaren auch Zahlen aus Baden-Württemberg, die exemplarisch herangezogen werden. In einer Stellungnahme der Landesregierung zur Situation der Sozialdienste in Baden-Württemberg wird die Zahl von 759 Mitarbeitern in Krankenhaussozialdiensten genannt (Landesregierung von Baden-Württemberg 2003). Diese verteilen sich auf 321 Krankenhäuser mit insgesamt 64.017 Betten. Sozialarbeit ist nicht in dem Maß präsent, wie es im Sinne einer weitergehenden Integration notwendig wäre. Das Bild der beruflichen Aktivitäten bleibt durch diese Randständigkeit verschwommen, und die Notwendigkeit zur permanenten Selbstdarstellung besteht weiterhin (Bollinger/Hohl 1981).

Viefhues (1986, 14) umschreibt das Grundproblem Sozialer Arbeit im Krankenhaus:

„So lange sich Sozialarbeit im Krankenhaus fremd bestimmen läßt, wird sie immer wieder in das Dilemma rasch wechselnder und konträrer Zielvorstellungen geraten, die außerhalb ihrer selbst gesteckten Ziele liegen."

Die personelle Ausstattung der Krankenhaussozialdienste differiert erheblich. Bollinger und Hohl (1981, 54) ermittelten in den 80er-Jahren eine durchschnittliche Bettenzahl von 300–440 für eine Vollkraft. Nach Untersuchungen von Hüpper und Slesina (2001) in Sachsen-Anhalt gibt es Krankenhäuser, in denen eine Vollkraft bis zu 600 Betten zu betreuen hat. In Baden-Württemberg gilt heute noch offiziell die Anhaltszahl

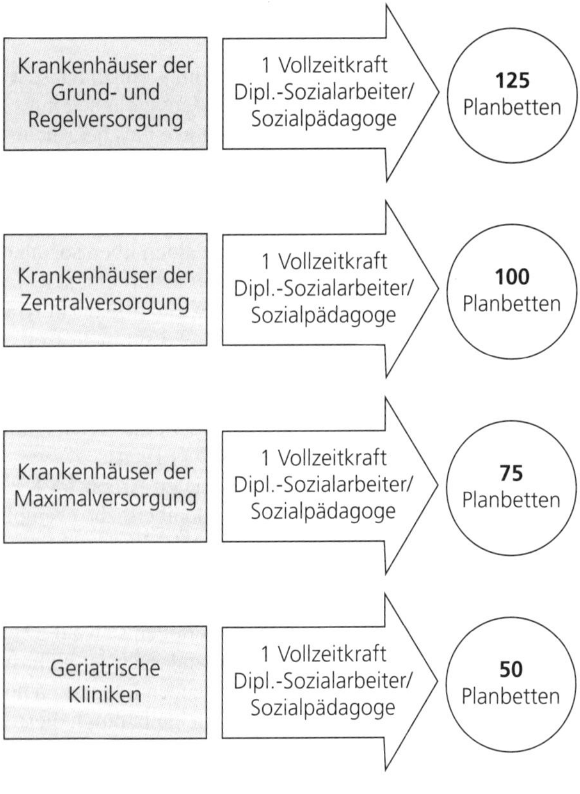

Abb. 2: Empfehlungen zur Personalausstattung in Analogie zu den Empfehlungen der DVSK (DVSK 2003b)

Tab. 1: Anhaltszahlen (Forum Krankenhaussozialarbeit 2/2003, 42)

Behandlungsform	**Fallzahl/VZ**	**Fallzeit/Min.**
Regelversorgung	600	160
Fachbereiche, z. B. Neurologie, Onkologie, Geriatrie	400–500	200–240

aus den 70er-Jahren mit einem Bettenschlüssel von 260 Planbetten auf eine Vollkraft pro Sozialdienst. Diese Zahlen sind längst überholt, da sowohl die Fallzahlen als auch die Aufgaben und Anforderungen an die Mitarbeiter der Sozialdienste in den letzten 30 Jahren erheblich gewachsen sind. Viele Krankenhäuser haben personelle Anpassungen vorgenommen, die aus dem Gesamtbudget finanziert wurden.

In einer Stellungnahme der DVSK (2000) zur Situation der Sozialen Arbeit im Akutkrankenhaus wird von einer Verdoppelung der Fallzahlen in den zurückliegenden 10 Jahren berichtet. Der Fachverband hat aufgrund der massiven Veränderungen seine Empfehlungen im Jahr 2001 angepasst. Dabei wurde erstmalig eine Differenzierung nach Krankenhaustyp vorgenommen.

Die DVSK veröffentlichte 2003 neue Anhaltszahlen, die sich erstmalig nicht auf die Bettenzahl beziehen, sondern in Relation zu Fallzahlen stehen. Die Gütersloher Organisationsberatung (Tauch 2000) hatte im Jahr 2000 Ergebnisse einer Erhebung publiziert und als Anhaltszahl 600 Fälle/Vollzeitstelle/Jahr genannt. Als Zeitaufwand für die Betreuung eines Patienten können danach durchschnittlich 160 Minuten zugrunde gelegt werden. Eigene Untersuchungen der DVSK bestätigten diese Ergebnisse. Allerdings erfolgte von der DVSK eine weitere Differenzierung.

Die bereits erwähnte empirische Untersuchung von Hüpper und Slesina (2001, 88) kommt zu dem Ergebnis, dass in der Praxis die Ausstattung der Sozialdienste sowie die Zahl der zu betreuenden Patienten erheblich differieren. Die Mehrzahl der Sozialdienstmitarbeiter und ihrer Kolleginnen war für bis zu 300 Betten zuständig, ein Viertel lag darüber. Die Zahl der zu versorgenden Patienten lag zwischen 50 und 160 im Monat, zumeist waren es 70 bis 90. Dies zeigt die deutliche Lücke zwischen Praxis und Expertenempfehlungen.

In Bremen wird im Zukunftskonzept des Senators für den Sozialdienst im Krankenhaus eine Relation von 357 Patienten/Jahr angegeben (Hanses/Börgartz 2001, 576).

Tab. 2: Anhaltszahlen Lörracher Qualitätskonzept (Trost/Marquart 1999)

Behandlungsform	1 Vollkraft/Anzahl der Planbetten
Allgemeinkrankenhaus	160
Innere Medizin	100
Chirurgie	150
Andere Fachabteilungen, z. B. Gynäkologie, Urologie	180

Im Lörracher Qualitätskonzept werden Anhaltszahlen genannt, s. Tab. 2.

Die dargestellten Zahlen geben einen Einblick in die aktuelle Diskussion. Die Soziale Arbeit im Krankenhaus kann ihre Aufgaben nur erfüllen, wenn sie personell angemessen ausgestattet wird. Angesichts der zunehmenden ökonomischen Durchdringung des Gesundheitswesens droht das Gegenteil, nämlich ein Stellenabbau mit negativen Auswirkungen auf das qualitative Niveau der Sozialen Arbeit.

2.3 Stellenbeschreibungen

Viele Sozialdienste hatten noch vor einigen Jahren keine Stellen- und Arbeitsplatzbeschreibung, obwohl Empfehlungen des Fachverbands DVSK vorlagen. Aufgrund der vielfältigen Veränderungen im Krankenhaussektor hat sich dies geändert. Der Sozialdienst wurde als Dienst identifiziert, der dem Krankenhaus insbesondere durch seine Schnittstellenfunktion wirtschaftlichen Nutzen bringt. Darüber hinaus wurde der Dienst auch von anderen Berufsgruppen als potenzielles Tätigkeitsfeld erkannt, gegenwärtig in erster Linie von der Pflege. Deshalb sind viele Sozialarbeiter gezwungen, eine Stellenbeschreibung zu entwickeln. Die DVSK hat im Jahr 2000 ihre Empfehlungen zur Einrichtung von Stellen für den Sozialdienst im Krankenhaus überarbeitet. Die Stellen- und Arbeitsplatzbeschreibung kann auf der Homepage des Verlags (*www.reinhardt-verlag.de*) nachgelesen werden. Die DVSK stellt fest, dass die Stellen mit ausgebildeten Sozialarbeitern oder Sozialpädagogen zu besetzen sind. Zu diesem Ergebnis kommen auch die Autoren des Lörracher Qualitätskonzepts, die ebenfalls die Einstellung von Fachpersonal (Dipl.-Sozialarbeiter/-Sozialpädagogen) fordern.

Zur organisatorischen Anbindungen gibt das Lörracher Qualitätskonzept folgende Richtlinien:

- Eingruppierung: Bewährungsaufstieg BAT III,
- eigenständige Fachabteilung,
- Dienstaufsicht beim Krankenhausdirektor bzw., falls vorhanden, bei der Leitung der Sozialberatung (Trost/Marquart 1999).

Die DVSK kommt zu ähnlichen Ergebnissen:

- Dienstaufsicht bei der Direktion des Krankenhauses,
- Fachaufsicht durch die Leitung des Sozialdiensts oder eigenverantwortliche Tätigkeit im Aufgabenbereich.

Die Umsetzung dieser Richtlinien in die Praxis ist bisher nur unvollständig erfolgt. Eine von der DVSK 2001 durchgeführte Befragung in allen Krankenhäusern, die am Pretest zur Prüfung der Kalkulationsrichtlinien zur Einführung der DRGs teilnahmen (26 Kliniken), belegt dies. In 24 Sozialdiensten waren Sozialarbeiter tätig, teilweise ergänzt durch andere Berufsgruppen. In zwei Krankenhäusern gab es keine Sozialarbeiter, die Aufgaben des Sozialdiensts wurden von Pflegekräften wahrgenommen (Nau 2001). In der Frage der organisatorischen Zuordnung ergibt sich ein sehr uneinheitliches Bild. Während Hüpper und Slesina in ihrer Studie in Sachsen-Anhalt (2001, 88) überwiegend eine Zuordnung zum Pflegebereich feststellten, und nur ein Drittel der Verwaltungsdirektion unterstellt waren, wurden im Rahmen der Erhebung der DVSK in 2001 bei 26 Krankenhäusern neun verschiedene Organisationsmodelle ermittelt. Diese Ergebnisse lassen auf eine relativ beliebige Zuordnung schließen, doch muss dies vor dem Hintergrund des speziellen Auftrags des Dienstes gesehen werden. Soziale Arbeit wirkt an Schnittstellen, sie bewegt sich zwischen unterschiedlichen Systemen. Hillers (1994, 39) zieht den Schluss, dass der Sozialdienst keinem der drei Funktionskreise – Medizin, Pflege, Verwaltung – zuzuordnen ist und weist ihm einen eigenständigen Funktionskreis zu.

2.4 Kooperationspartner des Sozialen Dienstes im Krankenhaus

2.4.1 Kooperationspartner im Krankenhaus

Kooperation ist ein unverzichtbarer Bestandteil sozialarbeiterischen Handelns. Zur Abklärung der Gesamtsituation des Klienten und zur Vorbereitung von Hilfen arbeitet die Soziale Arbeit mit allen Berufsgruppen, die ärztliche, pflegerische, therapeutische oder beratende Leistungen erbringen, zusammen. Ohne Kontakte, insbesondere mit dem medizinisch-pflegerischen Bereich, könnte die Soziale Arbeit ihre Aufgaben nicht erfüllen. In Zeiten verkürzter Liegezeiten wächst die Bedeutung eines ungestörten Informationsflusses und klarer Kooperationsstrukturen. Sozialarbeiter erhalten in der Regel Informationen über die Versorgungsbedürfnisse der Patienten von anderen Berufsgruppen, speziell von Ärzten. Der Erfolg der Sozialen Arbeit hängt davon ab, dass Informationen rechtzeitig und vollständig weitergegeben werden. Erfolgen Informationen kurz vor der Entlassung und unvollständig, kann sich diese verzögern. Diese Abhängigkeit existiert, solange Sozialarbeiter nicht in das Team einer Behandlungseinheit integriert sind. Die Mehrzahl der Sozialarbeiter ist für mehrere Stationen zuständig, die häufig verschiedenen medizinischen Fachrichtungen angehören. Daher sind die Sozialarbeiter auf die Wahrnehmung sozialer Probleme durch die anderen Berufsgruppen im Krankenhaus angewiesen.

Ärzte sind die wichtigsten Kooperationspartner der Sozialen Arbeit im Krankenhaus. Dies wird in einer von Senftleben (1988) veröffentlichten Studie deutlich. Sozialarbeiter haben häufig Kontakt mit Ärzten, doch entspricht das Niveau der Interaktion nicht den Erwartungen. Nur ein knappes Drittel der befragten Sozialarbeiter betrachtet die Kooperation als gut. Viefhues (1986) sieht eine Ursache für diese Situation in der unterschiedlich ausgeprägten Professionalisierung. Ärzte haben ein hohes Maß an Selbstverantwortung und besitzen eine ausgeprägte berufliche Identität. „Vergleichen wir das, was wir über die Professionalisierung der Ärzte gesagt haben, mit dem derzeitigen Stand bei der Sozialarbeit, so kann man geradezu von einem Negativausguß der Professionalisierungsfigur der Sozialarbeit sprechen“ (Glatzel/Mehs 1978). Daran hat sich bis heute trotz ermutigender erster Schritte wenig geändert.

Schaeffer (1989, 737) betont in ihren Untersuchungen, dass die Zusammenarbeit zwischen Arzt und Sozialarbeiter zwar zwingend sei, doch bleibt der Sozialdienst aus der Sicht der Ärzte relativ anonym.

Eine gute Zusammenarbeit der beiden Berufsgruppen ist vorwiegend in überschaubaren Einrichtungen und in Krankenhäusern mit Langzeitpatienten anzutreffen. Garms-Homolova (2000, 12) erkennt gar einen Rückschritt. Sie führt an, dass Sozialarbeiter weiterhin weisungsgebunden sind und nur tätig werden, wenn sie von Ärzten einen Auftrag erhalten. Soziale Arbeit stelle damit eine Berufsgruppe auf Abruf dar.

Auch Hillers (1994) erkennt in der Arzt- Sozialarbeiter-Beziehung eine der wichtigsten Belastungen der Sozialen Arbeit im Krankenhaus. Meldungen an die Soziale Beratung erfolgen oft sehr spät. Arzt-Sozialarbeiter-Besprechungen finden in der Regel unzureichend, mehr zufällig statt. Soziale Arbeit ist aus der Sicht der Ärzte eine Delegationsinstanz. Auch von Kardorff (1989, 54) erkennt keinen intensiven wechselseitigen Kommunikationsprozess zwischen Ärzten und Sozialarbeitern. Vorherrschend sei vielmehr das Prinzip der Delegation des Sozialen.

Hedtke-Becker begründet das Konfliktpotenzial in der Zusammenarbeit zwischen Ärzten und Sozialarbeitern mit dem grundlegenden Unterschied in der Vorgehensweise. „Sozialarbeit arbeitet mit dem Patienten und seinem sozialen Netzwerk, während die ärztliche Behandlung am Patienten und am Symptom erfolgt“ (Hedtke-Becker et al. 2003, 22). Aufgrund des weiterhin bestehenden Machtgefälles im Krankenhaus ist die ärztliche Sichtweise maßgebend, und die Bewertung der Leistungen Sozialer Arbeit hängt in erster Linie davon ab, ob Anweisungen der Ärzte umgesetzt werden. Dies ist keine Grundlage für eine erfolgreiche Bewältigung der Herausforderungen, denen sich Krankenhäuser stellen müssen. Ein zentrales Anliegen besteht darin, die teilweise problematische Arzt-Sozialarbeiter-Kooperation zu verbessern, um auch soziale Aspekte in der Behandlung angemessen zu berücksichtigen (Reinicke 2003b, 337f). Die Qualität der medizinischen Therapie ist von einer gelingenden Zusammenarbeit beider Berufsgruppen abhängig. Dies gilt vor allem in der Behandlung älterer Patienten, die einen komplexen Behandlungs- und Versorgungsbedarf aufweisen. Eine verbesserte Kooperation zwischen Ärzten und Sozialarbeitern setzt nach Keck-Staudt (2000, 114) folgende Punkte voraus:

- Einführung der Funktion eines verantwortlichen Arztes als Ansprechpartner für die Sozialarbeiter,
- Anpassung der Arbeitszeiten der Sozialen Arbeit (Schichtdienst),
- Teilnahme der Sozialarbeiter an Visiten,
- vermehrte Öffentlichkeitsarbeit Sozialer Arbeit, u. a. Mitwirkung an Fortbildungen für Ärzte.

Die andere zentrale Berufsgruppe, mit der die Soziale Arbeit kooperiert, sind die Pflegekräfte. Sie haben einen umfassenden Überblick über die Situation der Patienten, die für die Soziale Arbeit bedeutsam ist, beispielsweise bei Fragen zum Umfeld des Patienten, zum Zustand bei Aufnahme oder zur weiteren Behandlung. Im Rahmen der notwendigen Weiterentwicklung der interdisziplinären Kooperation wird die Pflege zukünftig an Bedeutung gewinnen und ihre Fachkompetenz in die Behandlung einbringen. Um geeignete Nachsorgemaßnahmen einleiten zu können, sind neben medizinischen Aspekten Einschätzungen der Pflege zwingend erforderlich. Es gibt in einzelnen Spezialbereichen, wie z. B. in geriatrischen Einrichtungen, funktionierende Teams von Sozialarbeitern und Pflegekräften, die gemeinsam mit je unterschiedlichen Schwerpunktthemen den Versorgungsbedarf der Patienten ermitteln und erforderliche Maßnahmen einleiten. Dies muss zukünftig auf andere Bereiche ausgedehnt werden, da immer mehr Menschen im Anschluss an einen Krankenhausaufenthalt auf pflegerische Hilfe angewiesen sind.

Der vor einigen Jahren einsetzende Professionalisierungs- und Emanzipationsprozess der Pflege beginnt bestehende Strukturen zu verändern. Davon ist auch die Soziale Arbeit betroffen, da der Pflegebereich sich auf Aufgabenfelder ausdehnt, die bisher von der Sozialen Arbeit besetzt wurden. So wird die Überleitungspflege dem Pflegesektor zugeordnet und die Soziale Arbeit aus ihrem originären Tätigkeitsbereich ausgegrenzt.

Die Qualität der interprofessionellen Zusammenarbeit hat entscheidenden Einfluss auf die Effektivität der sozialarbeiterischen Maßnahmen und Hilfen. Die Informationen über Prognosen, Mitwirkung des Patienten, Präsenz der Angehörigen u. v. m. ermöglichen erst ein zielgerichtetes Handeln. In diesen Prozess bringt die Soziale Arbeit ihre professionellen Einschätzungen ein (DVSK 1999b). Um die interprofessionelle Zusammenarbeit zu fördern, sind zahlreiche, über die Fallarbeit hinausgehende Aktivitäten nötig. Dazu gehören Unterricht an Krankenpflegeschulen, Mitwirkung in Arbeitskreisen und Projekten, Beteiligung an Pflegekursen sowie Fortbildungsveranstaltungen für Kooperationspartner. Dorfmüller (1989, 59) sieht die Soziale Arbeit in der Verantwortung, „(…) den Arbeitsansatz einer psychosozialen Praxis, die Perspektive eines ganzheitlichen, ökosozialen Arbeitsverständnisses und einer lebensweltorientierten Gesundheitsbildung herauszustellen“.

2.4.2 Externe Kooperationspartner

Das Krankenhaus ist eine Distributionsstelle, Patienten bleiben dort in der Regel nur kurze Zeit und so lange dies medizinisch notwendig ist. Die Verweildauer im Krankenhaus betrug 1991 noch durchschnittlich 14,6 Tage, während sie 2001 bei 9,8 Tagen im Mittel lag (Rosenbrock/Gerlinger 2004, 140). Danach werden die Patienten an andere Institutionen des Gesundheitswesens weiter vermittelt. „Keine andere Berufsgruppe im Krankenhaus ist derartig außenorientiert wie der Sozialdienst“ (Hillers 1994). Soziale Arbeit muss Kenntnisse über vorhandene Einrichtungen der Versorgung, Rehabilitation und Beratung haben, damit Patienten rechtzeitig entlassen werden können. Die Soziale Arbeit trägt wesentlich dazu bei, dass die negativen Folgen einer Krankheit und auch Rückfälle vermieden werden, die das medizinische Versorgungssystem erneut belasten (Senftleben 1988). Neben den Kontakten zu den nachstationären Leistungserbringern steht der Kontakt mit den Leistungsträgern im Mittelpunkt.

Die Liste externer Kooperationspartner ist lang. Zu den wichtigsten gehören Krankenkassen, Rentenversicherungsträger, Sozialhilfeträger, Integrationsämter, Gesundheitsämter, Arbeitsämter, Jugendämter, Selbsthilfegruppen, ambulante Pflegedienste, stationäre Pflegeeinrichtungen, Rehabilitationskliniken, Amtsgerichte, Betreuungsbehörden, Medizinische Dienste (MdK), niedergelassene Ärzte, Anbieter von Heil- und Hilfsmitteln. Im Lörracher Qualitätskonzept werden bezüglich der Kooperation mit Externen folgende Qualitätsstandards formuliert:

- jährliche Besuche in Pflegeheimen und Rehabilitationskliniken,
- persönliche Kontakte mit wichtigen Kooperationspartnern (mindestens einmal jährlich ein persönliches Gespräch),
- Teilnahme an übergeordneten Gremien/Verbänden je nach Schwerpunkt (Trost/Marquart 1999, 15).

Soziale Arbeit muss in Zeiten einer weiter zurückgehenden Verweildauer insbesondere mit den Leistungsanbietern enge Verbindungen aufbauen und pflegen, die Patienten direkt im Anschluss an den Krankenhausaufenthalt übernehmen. Dazu zählen Anbieter ambulanter und stationärer Pflege sowie Rehabilitationseinrichtungen. Die Soziale Arbeit ist mit beteiligt, wenn es um die Umsetzung von Kooperationsverträgen mit entsprechenden Anbietern geht.

In der Kooperation mit externen Partnern sind die besonderen Merkmale und Profile der Anbieter zu berücksichtigen. Im Folgenden werden die wichtigsten externen Partner der Sozialen Arbeit dargestellt.

Anbieter von Pflegeleistungen: Die Vorbereitung der Versorgung von Pflegebedürftigen im Anschluss an den Krankenhausaufenthalt erfordert ein reibungsloses Entlassungsmanagement, an dem alle Professionen des Behandlungsteams zu beteiligen sind und Verantwortung tragen. Um einen nahtlosen Übergang zu ermöglichen, sind detaillierte Kenntnisse über die Anbieter und deren Leistungen erforderlich. Während in ländlichen Regionen die Angebote überschaubar sind und die Kooperation durch persönliche Kontakte gefördert wird, ist die Situation in Großstädten anders. Hier sind Leistungsumfang bzw. regionale Zuständigkeit entscheidende Kriterien. Manche Dienste spezialisieren sich, z. B. auf die Betreuung von ausländischen Mitbürgern oder auf die Versorgung von Beatmungspatienten.

In Großstädten erscheint es sinnvoll, sich auf wenige Anbieter zu konzentrieren und mit diesen einen engeren Austausch zu pflegen. Daraus können sich konkrete Vereinbarungen entwickeln, die beispielsweise einschließen, dass Patienten bereits im Krankenhaus aufgesucht werden oder alle Leistungen häuslicher Versorgung vorgehalten bzw. vermittelt werden (z. B. Pflege, Hausnotruf, Nachbarschaftshilfe). Das Wettbewerbsrecht muss dabei ebenso beachtet werden wie die Wünsche der Patienten, die beispielsweise einen kirchlichen Anbieter bevorzugen. Dem Kontakt zu stationären Pflegeeinrichtungen gilt in Zeiten einer immer kürzeren Verweildauer ein besonderes Augenmerk. Krankenhäuser sind darauf angewiesen, pflegebedürftige Patienten rasch entlassen zu können.

Rehabilitationskliniken: Ein Schwerpunkt Sozialer Arbeit im Krankenhaus ist die Beratung in Fragen der Rehabilitation und die Einleitung medizinischer Rehabilitationsmaßnahmen. Da Patienten immer häufiger aufgrund der hohen Versorgungsbedürftigkeit oder eines fehlenden familiären Hilfesystems direkt im Anschluss an einen Krankenhausaufenthalt verlegt werden müssen, brauchen Krankenhäuser verlässliche Partner im Bereich der Rehabilitation, um die Patienten ohne Wartezeit aufnehmen zu können. Dies gilt insbesondere für geriatrische Rehabilitationskliniken und für Einrichtungen, die Frührehabilitationen durchführen.

Leistungsträger: Die Soziale Arbeit hat intensive Kontakte zu allen Leistungsträgern des Gesundheitssystems, neben den Krankenkassen insbesondere zu den Rentenversicherungsträgern (Bundesversicherungsanstalt für Angestellte, Landesversicherungsanstalten u. a.). Für die Leistungsträger ist die Soziale Arbeit ein sehr wichtiger Dienst, der sie dabei unterstützt, die Gesamtversorgung der Versicherten sicherzustellen. So formuliert die Barmer Ersatzkasse: „Mitarbeiter des Sozialdienstes im Krankenhaus und der Krankenkasse wirken in unterschiedlicher Weise daran mit, den Versicherten eine bedarfsgerechte Behandlung zu gewähren, sie während ihres Aufenthalts zu begleiten und auf die Zeit danach optimal vorzubereiten" (Barth/Schmitz, 2001, 107f).

Reinicke hat 2000/2001 (2003, 51f) eine Untersuchung durchgeführt, die sich mit der Zusammenarbeit zwischen den Krankenkassen und dem Sozialdienst im Krankenhaus beschäftigt. Ergebnis ist, dass 97,1 % der Krankenkassen mit dem Sozialdienst im Krankenhaus zusammenarbeiten. Die ermittelten Daten belegen, dass die Soziale Arbeit der wichtigste Partner für die Leistungsträger ist. Deutlich wird diese Aussage in Vergleichszahlen. Kontakte der Krankenkassen zu Ärzten liegen bei rund 78,6 % und zum Pflegedienst bei etwa 62,5 %. Die Zusammenarbeit der Krankenkassen mit der Sozialen Arbeit dient in erster Linie der Entlassungsvorbereitung und der Überleitung in den Nachsorgebereich.

Die Kooperation zwischen Sozialer Arbeit als Außenvertretung der Krankenhäuser und Leistungsträgern ist konfliktanfällig, häufig geprägt von unterschiedlichen Interessen. Für Leistungsträger stellt Soziale Arbeit das Tor zum Krankenhaus dar, um an Informationen zu kommen oder um neue Richtlinien, beispielsweise im Rahmen der Fallsteuerung, umzusetzen. So haben heute bereits viele Leistungsträger eigene Verfahren zur Einleitung von Rehabilitationen, mit je unterschiedlichen Leistungserbringern. Soziale Arbeit wird die Rolle zugewiesen, sowohl gegenüber Ärzten als auch den Versicherten die Durchsetzung zu steuern. Soziale Arbeit ist auf eine gute Kooperation mit den Leistungsträgern angewiesen, da die Inanspruchnahme nachstationärer Hilfen in aller Regel von deren Bewilligung abhängt. Auch das Krankenhaus weist der Sozialen Arbeit eine vermittelnde Rolle zu. Spindler (2000, 26f) formuliert: „Ein guter Sozialdienst stärkt das Vertrauen der Kostenträger in das Krankenhaus."

Angehörige: Angehörige sind keine Zielgruppe, die Unterstützung bei der Bewältigung eigener Probleme erhält. Allerdings wird die Beratung von Angehörigen von pflegebedürftigen Menschen immer wichtiger. Angehörige müssen sich in kürzester Zeit entscheiden, ob sie die Pflege des Patienten nach dem Krankenhausaufenthalt übernehmen. Da der medizinische Fortschritt zwar zur Verlängerung der Lebenszeit beiträgt, einen zunehmenden Versorgungs- und Pflegebedarf aber nicht verhindern kann, ist die Pflege oft über einen langen Zeitraum erforderlich. Pflegende Angehörige brauchen deshalb vielfältige Unterstützung. „Neben Kenntnissen über medizinische und pflegerische Hilfen müssen vor allem Entlastungsaspekte, die mit der Betreuung von Kranken und Pflegebedürftigen verbunden sind, vermittelt werden" (Reinicke 2003a, 342). Angehörige werden vor allem dadurch entlastet, dass sie über Hilfen informiert werden, auf die sie bei auftretenden Problemen zurückgreifen können.

Die Auswertung einer Angehörigenbefragung von Schwarz/Harms (2000, 56) ergab, dass 45 % der Angehörigen nicht wussten, wo sie innerhalb des Krankenhauses Beratung zu Fragen der Versorgung nach der Entlassung erhalten können. Dies verdeutlicht, dass Angehörigenberatung im Krankenhaus gegenwärtig noch eine untergeordnete Rolle einnimmt. Unter dem Blickwinkel der Gesamtversorgung ist dies unbefriedigend, da Möglichkeiten zur Vermeidung von Überlastungen bzw. die Motivation zur Übernahme von Pflege nicht ausgeschöpft werden. Dies fördert die Inanspruchnahme institutioneller medizinischer und pflegerischer Versorgungssysteme.

Selbsthilfe: Neben Angehörigen und professionellen Diensten sind Selbsthilfegruppen und -initiativen wichtige Kooperationspartner. Selbsthilfegruppen von und für Krebserkrankte haben bereits Tradition, wie beispielsweise die Deutsche ILCO oder die Frauenselbsthilfe nach Krebs. Die Soziale Arbeit profitiert von Selbsthilfegruppen, sie stellen eine Ergänzung und Unterstützung der professionellen Unterstützung dar. In der Studie von Senftleben (1988) wird die Kooperation mit Selbsthilfegruppen am häufigsten als gut bis sehr gut beschrieben.

Der Auftrag der Sozialen Arbeit besteht auch darin, Netzwerke zu knüpfen. Dazu gehört die Einbeziehung von Selbsthilfegruppen. Sozialarbeiter können dabei eine aktive Rolle einnehmen, z. B. bei der Zusammenstellung eines Wegweisers oder der Unterstützung bei der Einrichtung von Anlaufstellen (Sannwald 2002, 38f). Selbsthilfegruppen erfüllen für Patienten unterschiedliche Funktionen. Neben der gegenseitigen praktischen Unterstützung in der Krankheits- und Alltagsbewältigung sind emotionale und informatorische Hilfen bedeutsam. Patienten tauschen sich über alternative Behandlungsformen aus. Die Kommunikation mit Betroffenen bietet den Vorteil eines authentischen Austausches über die eigenen Belastungen, Ängste und Hoffnungen.

3 Adressaten der Sozialen Arbeit im Krankenhaus

Die Soziale Arbeit im Krankenhaus geht von den Auswirkungen der Krankheit auf die Lebenspraxis der Patienten aus. Nach einer systematischen Erläuterung des psychosozialen Unterstützungsbedarfs (3.1) werden die Ergebnisse einer empirischen Erhebung vorgestellt, die die Notwendigkeit der Hilfe konkretisieren (3.2). Die daraus resultierenden Anforderungen an die Soziale Arbeit können in ihrer Breite nicht vollständig dargestellt werden. Exemplarisch werden die Anforderungen an die Soziale Arbeit in der Beratung von älteren Menschen (3.3.1) und in der Beratung von jüngeren Patienten mit einer komplexen Erkrankung (3.3.2) erläutert. Neben allgemeinen Informationen über diese Patientengruppen werden auch Fälle vorgestellt, die einen Einblick in den Alltag der Sozialen Arbeit ermöglichen.

3.1 Psychosoziale Probleme im Krankenhaus

Etwa jeder fünfte Bundesbürger befindet sich einmal im Jahr zur stationären Behandlung im Krankenhaus. Die häufigsten Behandlungsursachen sind Kreislauferkrankungen, bös- oder gutartige Neubildungen, Verletzungen oder Vergiftungen und die normale Entbindung (Waller 2002). Akut und chronisch kranke Menschen sowie ihre Angehörigen nehmen vor allem dann mit der Sozialen Arbeit Kontakt auf, wenn es im Umfeld der Erkrankung zu persönlichen, finanziellen und/oder sozialen Schwierigkeiten kommt, berufliche Fragen geklärt werden müssen oder die weitere Versorgung nach der Entlassung nicht sichergestellt ist (v. Kardorff 1999, 346). Insbesondere bei diesen Problemen ist das primär kurativ organisierte Krankenhaus ohne sozialarbeiterische Behandlungsbeiträge nicht erfolgreich (Rosenbrock/Gerlinger 2004).

Die Soziale Arbeit wird in diesem Band auf Krankenhäuser der Akutversorgung bezogen. Sie hat es aber in diesem Bereich immer auch mit Patienten zu tun, die nicht nur einen somatischen Behandlungsbedarf aufweisen. In den internistischen Abteilungen werden beispielsweise viele Patienten mit geriatrischen Problemen und mit den Folgen von Abhängigkeitserkrankungen behandelt oder in der Chirurgie werden Patienten versorgt, die sich bei einem Suizidversuch erhebliche Verletzungen zugezogen haben. Die Detailprobleme der angesprochenen Patientengruppen werden in den einzelnen Bänden dieser Reihe (z. B. Soziale Arbeit in der Rehabilitation, der Psychiatrie oder der Suchtkrankenhilfe) analysiert.

Die Soziale Arbeit im Krankenhaus der Akutversorgung muss aber über ausreichende generalistische Kompetenzen verfügen, um den breiten psychosozialen Bedürfnissen der Zielgruppe gerecht werden zu können. Neben den dominierend nachgefragten Dienstleistungen im Umfeld der Entlassungsvorbereitung und der Nachsorge zeichnet sich die Soziale Arbeit auch durch institutionsübergreifende Handlungsansätze aus. Unter den psychosozialen Problemen der Patienten dominieren Angst, Informationsdefizite, Kommunikationsschwierigkeiten, Hospitalismus, Fehlunterbringung und Entfremdung von der eigenen Person und der Lebenswelt.

Krankenhausbehandlungen lösen vielfach bei den Patienten Ängste über die eigene und familiäre Zukunft, die Bedeutung von Untersuchungen und Untersuchungsergebnissen, den Verlauf der Erkrankung und die Erfolgsaussichten von Behandlungen, aber auch die Zeit nach der Krankenhausbehandlung aus. „Die der Angst unter anderem zugrunde liegende Unsicherheit des Patienten in der Institution Krankenhaus wird wesentlich bedingt oder aber verstärkt durch das Ausmaß der geringen Information, die dem Patienten von Seiten des Krankenhauspersonals zuteil wird“ (Waller 2002). Der Zugang zum Sozialdienst im Krankenhaus erfolgt auf Wunsch des Patienten, auf Anregung von Angehörigen, durch Vermittlung von anderen Berufsgruppen in der Klinik (z. B. Ärzte, Pflegepersonal, Physiotherapeuten, Psychologen, Seelsorger) sowie durch andere soziale oder rehabilitative Institutionen von außen (Kurlemann 2000, 1f).

Das Unterstützungsangebot des sozialen Dienstes ist weder indikations- noch altersspezifisch. Im Folgenden werden die Beratungsschwerpunkte exemplarisch erläutert. In früheren Darstellungen des Sozialdienstes im Krankenhaus wurde zwischen persönlicher und materieller Hilfe unterschieden. Persönliche Hilfe wurde als Information, Beratung und Betreuung definiert. Unter materiellen Hilfen wurden die Organisation von nachsorgenden Maßnahmen, die soziale Wiedereingliederung und die Beantragung konkreter wirtschaftlicher Leistungen verstanden (Oyen 2000, 62ff).

Neuere Konzepte der Klinischen Sozialarbeit klassifizieren nach Aufgabenfeldern. Exemplarisch stellen wir das Beratungsangebot eines Sozialen Dienstes am Beispiel des Beratungskonzepts des Universitätsklinikums Heidelberg vor.

Beratungsangebote des Sozialen Dienstes
Beispiel: Universitätsklinikum Heidelberg

Psychosoziale Betreuung: Verstanden als Unterstützung bei seelischen Belastungen, bei der Krankheitsverarbeitung, bei persönlichen und familiären Konflikten und der Erarbeitung einer Zukunftsperspektive.

Sozialrechtliche Beratung: Verstanden als Beratung über verschiedene Gebiete des Sozialrechts, die für die wirtschaftliche Situation während und nach der Krankheit ausschlaggebend sind. Man könnte dieses Aufgabenfeld auch als „Hilfe im Dschungel der Paragraphen" bezeichnen.

Soziale Rehabilitation: Verstanden als Hilfe beim Umgang mit dem Verlust des sozialen Status, als Beratung über die Versorgungsmöglichkeiten bei Pflegebedürftigkeit, als Vermittlung an andere Beratungsinstitutionen (Beratungsstellen, Servicestellen etc.) und als Beistand in sozialen Notlagen wie Arbeitsplatzverlust, Wohnungslosigkeit oder finanziellen Schwierigkeiten. Ergänzend sind die Vermittlung von Haushaltshilfen, Besuchsdiensten und/oder Selbsthilfegruppen zu nennen.

Medizinische Rehabilitation: Verstanden als Beratung zur medizinischen Rehabilitation und ggf. Einleitung von Anschlussrehabilitationsmaßnahmen (AHB, AGM etc.) und entsprechender Kostenregelung.

Berufliche Rehabilitation: Verstanden als Beratung zur Wiedereingliederung in das Erwerbsleben nach schwerer Erkrankung. Beratungsinhalte sind die stufenweise Wiedereingliederung, die berufliche Rehabilitation und die Möglichkeiten der Arbeitsförderung nach SGB III.

(Sozialdienst am Universitätsklinikum Heidelberg 2002)

3.2 Empirische Befunde über den Unterstützungsbedarf

Die Deutsche Vereinigung für den Sozialdienst im Krankenhaus e.V. führte im Jahre 2001 eine Evaluationsstudie zur Ermittlung des Beratungsbedarfs von Patienten im Akutkrankenhaus durch (Gödecker-Geenen et al. 2003). Ziel der Erhebung war die Klärung, ob Patienten im Krankenhaus durch den Sozialdienst wirkungsvoll unterstützt werden und ob Soziale Arbeit zur besseren Bewältigung von Krankheit und Behinderung beiträgt (Layer/Mühlum 2003, 33–70). Anhand der Studienergebnisse werden Merkmale der Zielgruppe im Hinblick auf ihren Beratungsbedarf dargestellt.

Bedeutung der Sozialen Arbeit im Krankenhaus: Patienten halten die Beratungsarbeit des Sozialdiensts im Krankenhaus für sehr bedeutsam. Über 90 % der Befragten gaben an, dass Ihnen der Kontakt zum Sozialdienst wichtig bis sehr wichtig war. Einige Patienten hätten sich sogar eine noch intensivere Betreuung gewünscht. 88 % fanden die Gespräche im Sozialdienst hilfreich. Dieses Ergebnis verdeutlicht das hohe Maß an Zuwendungs- und Betreuungsbedarf der Patienten im Rahmen der Krankenhausbehandlungssituation.

Beratungsbedarfe nach Themenkomplexen: Der Kasten auf Seite 40 zeigt die Vielfalt der Beratungsthemen, die vom Sozialen Dienst geleistet wird. Im Vordergrund steht das Thema der „Rehabilitation und Anschlussheilbehandlung". Es folgen die Themenbereiche „Rückkehr nach Hause" und „Ambulante Versorgung".

Leistungsansprüche des Sozialrechts: Einen wichtigen Beratungsschwerpunkt bildet der Bereich der „Leistungsansprüche des Sozialrechts". Die Ergebnisse verdeutlichen, dass Krankheit und Krankheitsfolgen viele sozialrechtliche und wirtschaftliche Konsequenzen haben. Es handelt sich um eine große Bandbreite der Leistungs- und Rechtsgebiete, die von den Patienten abgefragt wurden. Es verdeutlicht, dass Fragen der sozialen Sicherung einen breiten Raum in der Sozialen Beratung von Patienten einnehmen.

Einen weiteren wichtigen Schwerpunkt der Beratungsthemen bildet vor allem bei den jüngeren Patienten der Bereich „Berufliche Integration nach Krankheit". Für viele Patienten, insbesondere mit chronischen Erkrankungen und daraus resultierenden Leistungseinschränkungen,

Beratungsthemen, die im Mittelpunkt der Beratung durch den Sozialdienst im Krankenhaus standen (Mehrfachnennungen):

56%	Anschlussheilbehandlung (AHB)
43%	Rückkehr nach Hause/Situation nach der Entlassung
27%	Sozialversicherung (z. B. Krankenkasse, Pflegeversicherung, Rente)
24%	Andere Rehabilitationsmaßnahmen (z. B. Kur, Umschulung)
22%	Ambulante Versorgung/häusliche Krankenpflege
19%	Familiäre Probleme
18%	Finanzielle bzw. wirtschaftliche Situation
17%	Wohnen in einem Heim
17%	Beratungsstellen/Selbsthilfegruppen
13%	Arbeitsverhältnis
2%	Bauliche Probleme/Wohnungsausstattung

stellt die berufliche Integrationsthematik ein schwerwiegendes Problem dar. Etwa zwei Drittel der befragten Patienten hatten ein hohes Maß an Unterstützungsbedarf im Bereich der Bewältigung ihrer Krankheit (62%). Dies bestätigt die bisher schon vorhandene Vermutung, dass andere Berufsgruppen im Krankenhaus nur wenig Zeit für das Gespräch mit den Patienten erübrigen können. Das Ergebnis verdeutlicht aber auch die Beratungskompetenz der Sozialen Arbeit in diesem Feld.

Beratungsbedarf im Hinblick auf die Entlassung: Bei einer großen Anzahl der befragten Patienten dominierten Themen im Hinblick auf die Entlassung. Dabei stehen die Informationen über geeignete nachgehende Maßnahmen, Institutionen und Einrichtungen und die organisatorische Umsetzung im Vordergrund. Die Ergebnisse zeigen, dass ein Großteil der Zielgruppe des Arbeitsfelds umfassende Hilfe und Unterstützung hinsichtlich der Versorgung nach der Krankenhausbehandlung benötigt.

Zu den wichtigsten Themenkomplexen zählen Hilfe durch die Familie, Pflege- oder Sozialstation, häusliche Versorgung, Selbsthilfegruppen, Nachbarschaftshilfe, Beratungsstellen sowie Fragen der rechtlichen Betreuung.

Die Ergebnisse bestätigen, dass die Soziale Arbeit mit den wirtschaftlichen, sozialen und persönlichen Folgen von Krankheiten befasst ist. Die folgenden exemplarischen Fallschilderungen auf der Grundlage von systematischen Einführungen vermitteln einen Einblick in die komplexe Materie der Sozialen Arbeit im Krankenhaus.

3.3 Anforderungen an die Soziale Arbeit

Die vielfältigen Anforderungen an die Soziale Arbeit können hier nicht vollständig dargestellt werden. Wesentliche Aspekte werden deutlich, wenn die Soziale Arbeit mit alten Menschen und jüngeren Patienten, die eine komplexe Krankheit bewältigen müssen, erläutert wird.

3.3.1 Beratung und Unterstützung von älteren Patienten

Die Soziale Arbeit wird aufgrund des demographischen Wandels ihre Unterstützungsangebote zukünftig sehr viel stärker auf die Belange älterer Menschen ausrichten müssen. Die steigende Lebenserwartung und der Geburtenrückgang verändern zunehmend das demographische Gleichgewicht. Der Anteil der über 80-Jährigen liegt heute bei etwa 2,9 Mio., im Jahr 2010 werden etwa 4 Mio. und im Jahr 2020 etwa 5,3 Mio. Menschen 80 Jahre und älter sein, darunter etwa drei Viertel Frauen (Kruse et al. 2002, 7). Entgegen verbreiteten Assoziationen ist es aber nicht richtig, Alter mit Gebrechlichkeit und Hilfebedürftigkeit gleichzusetzen. Die unten erwähnten häufigen Krankheiten im Alter treten bei vielen Betagten komprimiert am Ende ihres Lebens auf, relativ unabhängig davon, wie alt die Menschen im Einzelnen werden (Wahl/Rott 2002, 44).

Bevor die alterstypischen Krankheiten benannt und vor allem der Betreuungsbedarf erläutert werden, sind differenzierende Hinweise über die Formen des Alters erforderlich. In der Forschung wird das kalendarische oder chronologische Alter vom biologischen, psychologischen und sozialen Alter unterschieden. Das kalendarische Alter beginnt ab dem 60. Lebensjahr und ist wegen der sehr heterogenen Verfassung der Altersgruppe nur wenig aussagekräftig. Bezugspunkt des biologischen Alters sind die körperlichen Gegebenheiten, beispielsweise die für das Alter typische Linsentrübung der Augen oder die geringere Knochendichte. In der psychologischen Perspektive stehen die Aktivierungs- und

Reaktivierungsfähigkeiten und die Entwicklung der Intelligenz sowie der kognitiven Fähigkeiten im Mittelpunkt. Das soziale Alter bezieht sich dagegen auf die Veränderungen des sozialen Status, der Rollen und Positionen im Vergleich mit dem mittleren Lebensalter (Thiele 2001).

Die Assoziation des Alters mit Gebrechlichkeit, Leistungseinbußen und Abhängigkeit basiert auf einem *Defizitmodell*. Danach erreicht die physiologische Reifung in der Adoleszenz ihr Maximum, anschließend kommt es zu einer allmählichen Schwächung der physiologischen Basis des Menschen, die sich beispielsweise in nachlassenden Körperkräften mitteilt. Im sozialen Bereich beruht die Defizitannahme auf dem Verlust von Rollen und dem häufig beobachtbaren sozialen Rückzug, wobei die Bezugsgröße das mittlere Lebensalter ist, dessen Konturen auf das höhere Alter ohne Hinterfragung übertragen werden. Im psychischen Bereich stützt sich die Defizitvermutung auf eingeschränkte geistige Interessen im Alter. Das Defizitmodell darf allerdings nicht als ein unabwendbares Schicksal verstanden werden. Zunächst referiert es Beobachtungen bei alten Menschen. Die Veränderungen im physiologischen, sozialen und psychischen Bereich werden in der so genannten *Disuse-Hypothese* nicht auf nachlassende Fähigkeiten, sondern auf einen verminderten Aktivitätsradius zurückgeführt, der dann zu einem Leistungsrückgang führt. In der Konsequenz bedeutet diese Annahme, dass durch ein prophylaktisches Training die vermeintlich alterstypischen Abbauprozesse aufgehalten oder auch vermieden werden können (Kleiner 2001).

Für die Beratung älterer Patienten im Krankenhaus ist ein dritter Themenkomplex wichtig, in dem es um den Strukturwandel des Alters geht. Beobachtet wird eine Verjüngung des Alters durch einen früheren Abschluss der Arbeitsphase als in früheren Zeiten (Trend zum früheren Ruhestand). Ferner fallen eine deutliche Feminisierung des Alters und eine verbreitete Singularisierung auf (Gerling/Naegele 2001, 35f). Soziale und pflegerische Unterstützungsangebote müssen diesen Lebensrealitäten älterer Menschen entsprechen.

In Bezug auf die pflegerischen und medizinischen Hilfen ist zu beachten, dass insbesondere bei hochbetagten Menschen die Multimorbidität den Hilfebedarf bestimmt. Hintergrund für diesen Befund sind bei alten Menschen die geringeren Funktionsreserven der Organe, die sinkende Vitalkapazität, die Abnahme der Muskelfasern und des Mineralgehalts im Skelett, die Trübung der Augenlinse und der Verlust des Hörvermögens für hohe Frequenzen. In Verbindung mit typischen Risikofaktoren wie Rauchen, Alkohol und Bewegungsmangel begünstigen diese Veränderungen vor allem Herz-Kreislauf-Erkrankungen, Stoffwechselerkrankungen, Muskel- und Skeletterkrankungen sowie bösartige Neubildungen. Hinzu kommen die Demenzen, die hauptsächlich im hohen Alter exponentiell ansteigen. Bei den 65- bis 69-Jährigen liegt die Quote der Demenzkranken bei 1–4 %, bei den 80- bis 84-Jährigen beträgt sie bereits 15 % und bei den über 90-Jährigen macht sie etwa 40 % aus (Kruse et al. 2002, 7f).

Die Beratung älterer Patienten durch den Sozialdienst setzt fundierte Kenntnisse über die alterstypischen Erkrankungen und das verzweigte ambulante und stationäre Hilfesystem für ältere Menschen voraus. Hierzu zählen die ambulanten pflegerischen Hilfen, die von der Grund- und Behandlungspflege über Mahlzeitendienste bis zu Notrufsystemen reichen, die teilstationären Angebote wie Tages- oder Kurzzeitpflege, und die stationären Angebote, die alles vom Altenwohnheim bis zum Pflegeheim einschließen.

Besondere Anforderungen ergeben sich, wenn Patienten nach einer Krankenhausbehandlung nicht mehr in die eigene Wohnung zurückkehren können und in ein Pflegeheim übersiedeln müssen. Durch die auch strukturell bedingte Verkürzung der Liegezeiten stehen diese Fragen immer häufiger auf der Tagesordnung der Sozialen Arbeit. Erforderlich ist eine sensible Beratung, in der ausreichend Raum für die Fragen der Patienten, beispielsweise ob ein Einzelzimmer zur Verfügung steht, ob eigene Möbel mitgenommen werden können, ob eine Rückkehr in die eigene Wohnung möglich ist oder ob Ersparnisse für die Finanzierung eingebracht werden müssen, geboten wird.

Auch Angehörige sind auf eine empathische Beratung angewiesen, in der sie ihre teilweise aufkommenden Schuldgefühle gegenüber den Pflegebedürftigen kommunizieren können. Diese psychosozialen Fragen stehen neben den administrativen Anforderungen an die Soziale Arbeit, die um die Finanzierung der Heimaufnahme, die Klärung von Sozialleistungsansprüchen oder die Einrichtung einer Betreuung und die Beratung über eine Vorsorgevollmacht kreisen, auf der Tagesordnung (Pfeifer 2002, 23f). Die vielfältigen Anforderungen werden in der folgenden Fallschilderung veranschaulicht.

Praxisfall 1: Beratung alter Menschen und ihrer Angehörigen

Situationsdarstellung: Karl A., 75 Jahre alt, aus B.: Herr A., 75 Jahre, ist mit einem Oberschenkelhalsbruch in die Chirurgische Abteilung eines Krankenhauses einer Kleinstadt eingeliefert worden. Er hat sich die Verletzung beim

Sturz von einem Baum zugezogen. Er leidet schon seit längerer Zeit an Herzbeschwerden und Altersdiabetes. Diese Krankheiten haben ihn bislang kaum beeinträchtigt, insbesondere war es ihm möglich, seinen Garten zu versorgen, wozu auch die Pflege der Obstbäume gehört. Dies tat er mit großer Freude. Er lebte bisher mit seiner Frau (72 Jahre alt) am Stadtrand. Weder er noch seine Frau waren bis zu diesem Zeitpunkt ernstlich krank; er war in seinem Leben nur einmal im Krankenhaus. Zu den beiden Kindern besteht regelmäßig Kontakt, der Sohn lebt in einem anderen Stadtteil, die Tochter weiter weg. Herr A. muss operiert werden. Frau A. war nach dem ersten Besuch bei ihrem Mann nach der Operation sehr erschrocken. Der Patient wirkte apathisch, wenn er etwas sagte, waren die Sätze wirr und nicht zusammenhängend. Frau A. versteht die Welt nicht mehr. Sie ist sehr besorgt und hilflos, da sie nicht weiß, was los ist und was sie tun kann.

Interne Kooperation: Der Stationsarzt schaltet den Sozialdienst des Krankenhauses ein. Er weist darauf hin, dass der schon ältere Patient den Sturz und die nachgehende Operation nur schlecht verkraftet habe. Ob er je wieder gehen könne, sei fraglich. In diesem Alter sei die Prognose schwierig. Die Ursache für seine geistige Beeinträchtigung sei noch nicht ganz klar. Vermutlich sei sie die Folge der Operation. Das würde aber noch untersucht. Wichtig wäre, dass der Sozialdienst sich intensiv um die Entlassung bzw. Verlegung kümmere. Auch die Ehefrau benötige sicher Unterstützung. Sie sei auch schon alt und mit der Situation völlig überfordert.

Intervention: Die Sozialarbeiterin trifft Frau A. am Bett ihres Mannes an, am Zustand hat sich auch am dritten Tag nach der Operation nichts verändert. Frau A. ist sehr besorgt, hilflos, weiß nicht, was los ist und was sie tun kann. Den Sohn hat sie angerufen, er wird sich mit dem Arzt in Verbindung setzen. Die Sozialarbeiterin erläutert Frau A., dass sie wegen der Entlassung mit ihr sprechen möchte. Frau A., die sich in der neuen Situation erst einmal orientieren muss, ist mit dieser Frage überfordert. Sie erzählt der Sozialarbeiterin, dass ihr Mann bis zu dem Sturz noch absolut fit gewesen sei, den Garten versorgt und sich auch im Haus betätigt habe. Sie könne gar nicht verstehen, warum er jetzt so apathisch sei. Die Sozialarbeiterin spricht ausführlich mit Frau A. über die Gesamtsituation. Frau A. ist deutlich überlastet, sie muss sich einmal aussprechen. Die Sozialarbeiterin gibt ihr Raum für das Gespräch. Intensiv wird gemeinsam auch über die Entlassung und Nachsorge diskutiert. Sie informiert Frau A. über mögliche Hilfen:

- Durchführung einer Rehabilitationsmaßnahme, möglicherweise in einer geriatrischen Rehabilitationseinrichtung,

- pflegerische Hilfen zu Hause
- Unterbringung in einer Pflegeeinrichtung,
- gesetzliche Bestimmungen und finanzielle Hilfen.

Aufgrund der im Gespräch gewonnenen Informationen hält die Sozialarbeiterin eine geriatrische Rehabilitation für sinnvoll. Problematisch ist dabei nur die unklare Mitwirkungsmöglichkeit des Patienten. Sie erläutert, dass bestimmte Voraussetzungen notwendig sind, insbesondere Erfolgsaussichten gegeben sein müssen und der Patient motiviert sein muss, was gegenwärtig noch nicht der Fall sei. Die Sozialarbeiterin verständigt sich mit Frau A. darauf, den Patienten in einer geriatrischen Rehabilitationsklinik anzumelden. Frau A. bittet die Sozialarbeiterin, ihren Sohn anzurufen und ihn zu informieren. Sie ist sich weiterhin sehr unsicher, weiß nicht, ob sie alles verstanden hat, und irgendwie geht ihr das viel zu schnell.

Verlauf: Fünf Tage später hat sich der Zustand von Herrn A. etwas gebessert, die Krankengymnastin kommt jetzt täglich und macht mit ihm Gehübungen. Der behandelnde Arzt hat von der geriatrischen Rehabilitationsklinik einen Anruf erhalten. Die Einrichtung möchte noch weitere medizinische Informationen, und es wurde bereits angedeutet, dass aufgrund des hohen Pflegebedarfs mit einer Wartezeit von mindestens zwei Wochen zu rechnen sei.

Lösungsansätze: Die Sozialarbeiterin vereinbart mit der Ehefrau für den Nachmittag einen Termin; der Sohn wird ebenfalls anwesend sein. Auch der Sohn hatte zwischenzeitlich Kontakt mit dem Stationsarzt. Die Sozialarbeiterin erwägt mit der Familie, dass der Behandlungsplatz in der geriatrischen Rehabilitationsklinik auf jeden Fall in Anspruch genommen werden sollte. Bei diesem Behandlungsansatz handelt es sich um eine therapeutische Maßnahme, die versucht, mit rehabilitativen Therapien ein möglichst hohes Maß an selbstständiger Lebensführung und Alltagskompetenz gemeinsam mit dem Patienten zu erlangen. Sie soll außerdem die Abhängigkeit von Pflege vermeiden (Deutscher Verein für öffentliche und private Fürsorge 2002).

Es muss jetzt gemeinsam überlegt werden, wie eine Versorgungsmöglichkeit während der 14-tägigen Überbrückungszeit zwischen Krankenhausaufenthalt und der Aufnahme in der geriatrischen Rehabilitationsklinik gefunden werden kann. Die Sozialarbeiterin schlägt vor, Herrn A. für 14 Tage in einer Kurzzeitpflegeeinrichtung unterzubringen. Allerdings sei die Finanzierung unklar. Diese Lösung müsste mit den Leistungsträgern erörtert werden. Familie A. äußerte die Bereitschaft, gegebenenfalls auch privat für die Kurzzeitpflege zu bezahlen. Herr A. kann zwei Tage später in der Kurzzeitpflegeeinrichtung aufgenommen werden. Gemeinsam mit der Familie des Patienten konnte ein geeigneter Rehabilitationsprozess eingeleitet werden.

3.3.2 Beratung und Unterstützung von jüngeren Patienten mit einem komplexen Versorgungsbedarf

Die Anforderungen an die Soziale Arbeit resultieren einerseits aus den allgemeinen Erkenntnissen über das Gesundheits- und Krankheitsverhalten von Menschen in unserer Gesellschaft und andererseits aus den krankheitsspezifischen Herausforderungen. Zunächst zu den allgemeinen Einsichten:

Bekannt ist, dass Frauen in der Regel besser über Krankheiten informiert sind und häufiger Ärzte konsultieren als Männer. Bei Männern verbessert sich das Vorsorgeverhalten häufig erst nach dem 50. Lebensjahr. Ferner fällt auf, dass Alleinstehende häufiger gesundheitlich schlechter gestellt sind als Menschen in Partnerschaften. Für die Beratung sind neben diesen geschlechtsspezifischen und familien- bzw. partnerschaftsbezogenen Hinweisen, die immer nur Tendenzen angeben, soziokulturelle Hinweise relevant. Insbesondere Angehörige der so genannten unteren Schichten zeigen gegenüber Ärzten aufgrund ihrer ökonomischen, kulturellen und bildungsmäßigen Struktur größere Hemmschwellen, ihre Interessen und Bedürfnisse zu vertreten. Interessant ist auch die in den benachteiligten Bevölkerungsgruppen größere Symptomtoleranz und die damit verbundene diagnostische Selbsteinschätzung, die teilweise erklärt, warum in diesen Bevölkerungsgruppen das Vorsorgeverhalten unterdurchschnittlich entwickelt ist (Heim/Meyer 1998).

Die Aufgaben der Sozialen Arbeit bestehen nach diesen Erkenntnissen u. a. darin, Patienten für ihre Belange zu sensibilisieren, sie im medizinischen Versorgungssystem zu unterstützen und ihre soziale und ökonomische Benachteiligung abzubauen. Diese krankheitsunspezifischen Formen der Unterstützung dürfen in ihren Effekten nicht unterschätzt werden. Sie tragen zu einer verbesserten Compliance bei, die den Behandlungserfolg insgesamt steigert. Für die Soziale Arbeit wäre es nicht angemessen, sich nur auf die medizinischen Aspekte zu reduzieren. Sozial unterstützende Maßnahmen sind als ein integraler Bestandteil der Sozialen Arbeit im Krankenhaus anzusehen.

Die Interventionen der Sozialen Arbeit erhalten genauere gesundheitsbezogene Konturen, wenn die Lebensgewohnheiten der Patienten thematisiert werden. Aus der sozialmedizinischen Forschung ist bekannt, dass für die verbreiteten so genannten Zivilisationserkrankungen individuelle Lebensstile zumindest mitverantwortlich sind. Am Beispiel der Herz-Kreislauf-Erkrankungen werden die Zusammenhänge deutlich: Zu den Hauptrisikofaktoren für den Herzinfarkt zählen Zigarettenrauchen, erhöhter Blutdruck und erhöhte Blutfettwerte. Für das Schlaganfallrisiko sind vor allem erhöhter Blutdruck, ischämische Herzerkrankungen und Diabetes mellitus ausschlaggebend. Nicht zu vernachlässigen ist der Disstress in Form einer zentralnervösen Erregung, die den Prozess der Arteriosklerose forciert und zu einem erhöhten Sauerstoffbedarf des Herzens sowie einer Verengung der Herzkranzgefäße führt (Waller 2002).

Der Herzinfarkt kommt sehr viel häufiger in den unteren sozialen Schichten als in Managerkreisen vor. Ausschlaggebend sind durch Zeitdruck und Monotonie belastende Arbeitsbedingungen, die Stress erzeugen, aber auch die anderen beschriebenen Risikofaktoren, die in den genannten Schichten stärker verbreitet sind als in anderen Bevölkerungskreisen. An dieser Stelle ist die Soziale Arbeit neben ihren traditionellen Interventionsansätzen auf Elemente der Gesundheitserziehung und -beratung angewiesen, um Patienten darin zu unterstützen, belastende Lebensgewohnheiten zu überwinden.

Ein ähnliches Bild zeigen heute Krebserkrankungen, für die in über 90 % der Fälle Umweltfaktoren wie Chemikalien und Strahlen, aber auch Nikotin und bestimmte Ernährungsgewohnheiten verantwortlich sind. Ein eindeutiger sozialer Schichtgradient liegt bei Magen- und Lungenkrebs vor. Nikotin gilt als ein Risikofaktor für Krebserkrankungen im Mund- und Rachenraum, der Speiseröhre und der Harnorgane (Waller 2002). Auch hier ist festzuhalten, dass das Krebsrisiko durch eine Veränderung schädigender Lebens- und Konsumgewohnheiten deutlich verringert werden kann. In der Beratung von Betroffenen ist die Krebserkrankung als ein kritisches Lebensereignis zu würdigen, das mit Ängsten und Unsicherheiten über den Verlauf verbunden ist. Typische Beratungsthemen, die auch bei anderen komplexen Erkrankungen eine wichtige Rolle spielen, sind mögliche Einschränkungen der Autonomie im Alltag und die damit verbundenen Abhängigkeiten von Angehörigen und dem Versorgungssystem, negative Auswirkungen auf soziale Netze, die häufig bei lang anhaltenden Erkrankungen instabiler werden, familiäre Konsequenzen, etwa durch den Verlust der Ernährerrolle, aber auch finanzielle und berufliche Fragen und die Gefahren, die mit der krankheitsbedingten sozialen Ausgrenzung verbunden sind (Schwarzer/ Höhn-Beste 2002, 172).

Zusammenfassend kommt es für die Soziale Arbeit mit Patienten darauf an, dass sie ihre Hilfen an die Lebensführung und die Individualität der Betroffenen anschließt und auf die Kompetenzen der Patienten in der praktischen Arbeit zurückgreift. Für die Begleitung von Menschen mit chronischen Erkrankungen kommt es nach Rauchfleisch (2001) auf folgende Grundsätze an: „Hauptziel ist es, den Prozess der Annahme der Krankheit zu begleiten und den Klientinnen und Klienten dabei behilflich zu sein, sich in realitätsgerechter Weise mit ihrer psychischen, körperlichen und sozialen Situation auseinander zu setzen. Dazu gehören die Reflexion der beruflichen und finanziellen Situation, die Klärung und gegebenenfalls die Neustrukturierung der Beziehungen in Familie und Freundeskreis, aber auch die Trauer um die eingeschränkte Gesundheit und den Verlust von Lebensqualität bis hin zur Auseinandersetzung mit dem Sinn des Leidens und mit dem Tod." Anhand einer weiteren Kasuistik werden die vielfältigen Möglichkeiten der Sozialen Arbeit verdeutlicht.

Praxisfall 2: Beratung eines Herzinfarktpatienten mit erheblichem Rehabilitationsbedarf

Situationsdarstellung: Peter K., 42 Jahre, aus A.: Der 42-jährige Peter K. ist verheiratet und hat zwei Kinder im Alter von 14 und 11 Jahren. Seine Frau ist halbtags als Verkäuferin in einem Supermarkt berufstätig und versorgt Haushalt und Kinder. Gemeinsam bewohnen sie ein kleines eigenes Haus am Stadtrand einer Kleinstadt, das sie im letzten Jahr vorrangig in Eigenleistung mit Unterstützung von Nachbarn und Freunden gebaut haben.

Herr K. erleidet unerwartet an seinem Arbeitsplatz einen Herzinfarkt. Er ist von Beruf Maurer und übt diese Tätigkeit seit seiner Ausbildung vor 25 Jahren aus. In seiner Berufslaufbahn hat er mehrmals die Firma gewechselt, wie es in der Baubranche so üblich ist. Bis auf kleinere Ausnahmen im Winter war er nie längere Zeit arbeitslos. Zuletzt war er seit etwa acht Jahren bei einem mittelständischen Hochbaubetrieb (ca. 40 Mitarbeiter) tätig. Die Krankheit tritt völlig überraschend in sein Leben. Er hatte zwar in letzter Zeit häufiger Schmerzen in Brust und Armen, dies aber auf die Wirbelsäule geschoben, die in seinem Beruf nun einmal belastet ist.

Die Arbeit, die Familie, das neu gebaute Haus – dies alles sind verständliche Faktoren, die zu einem mit Stress belasteten Leben führten. Das Krankheitsereignis wirft ihn nun völlig aus der Bahn. Während der Behandlung im Akutkrankenhaus stellt sich dann heraus, dass er unter einer koronaren Herzkrankheit leidet. Mehrere Gefäße im Herzkranzbereich sind zu einem hohen Prozentsatz verschlossen. Die Ärzte raten ihm zu einer Bypassoperation, die bereits nach drei Wochen im Universitätsklinikum der nächsten Großstadt durchgeführt wird. Nach der gelungenen Operation schlagen ihm die Ärzte schon nach wenigen Tagen eine Anschlussheilbehandlung bzw. -rehabilitation vor und vermitteln ihn zum Sozialen Dienst des Krankenhauses.

Kontakt mit dem Sozialdienst: Im Rahmen des Erstkontakts mit der Sozialarbeiterin der Klinik bekommt Herr K. endlich die Möglichkeit, über seine Situation zu sprechen. Ärzte und Pflegekräfte haben im Klinikablauf oft wenig Zeit für längere persönliche Gesprächskontakte. So erlebt es Herr K. als sehr entlastend, seine Krankheitsgeschichte zu erzählen, aber auch die Sorgen und Nöte, insbesondere im Hinblick auf die Zukunft, zu artikulieren. Die Ärzte hätten ihm bereits mitgeteilt, dass er eine schwere körperliche Arbeit auf Dauer nicht mehr ausüben könne. Wenn er seinen Beruf nicht mehr ausüben könne, stünde seine Existenz auf dem Spiel, berichtet Herr K. bereits im ersten Gespräch.

Lösungsansätze: Die Sozialarbeiterin zeichnet dem Patienten zunächst die weiteren Schritte im Hinblick auf seine Behandlung auf. Zunächst soll die Anschlussheilbehandlung in einer Fachklinik für Kardiologie eingeleitet werden. Somit kann ein fast nahtloser Übergang vom Akutkrankenhaus in die Rehaklinik gewährleistet werden. Sie erklärt Herrn K., dass insbesondere die Frage der Berufsausübung und die weiteren Perspektiven im Rahmen der medizinischen Rehabilitationsmaßnahmen durch den dort vorhandenen Sozialen Dienst thematisiert und die Vorgehensweisen sowie das Antragsverfahren vorbereitet werden. Sie verspricht, gemeinsam mit dem Stationsarzt die Anschlussrehabilitation einzuleiten.

Anschlussrehabilitation: Die Anschlussheilbehandlung in einer kardiologischen Fachklinik beginnt für Herrn K. sehr zeitnah, nämlich drei Tage nach Entlassung aus dem Akutkrankenhaus. Im Rahmen der stationären Anschlussrehabilitationsmaßnahmen stabilisierte sich der körperliche und psychische Zustand von Herrn K. Er erlernte Strategien im Umgang mit seiner chronischen Erkrankung. Beruflich konnte gemeinsam mit dem Sozialen Dienst der Klinik eine Alternative erarbeitet werden. Eine geeignete Umschulungsmaßnahme wurde bereits während der medizinischen Rehabilitationsmaßnahme eingeleitet.

4 Rechtliche und politische Aspekte des Arbeitsfelds

Die Auseinandersetzung mit den rechtlichen Grundlagen der Sozialen Arbeit im Krankenhaus (4.1) verweist auf eine eher schwache Basis. Die einschlägigen Regelungen im SGB V und in den Landeskrankenhausgesetzen sind vage. Aus ihnen ergibt sich kein eindeutiges Profil. Inhaltliche Impulse für die Soziale Arbeit gehen heute von den Regelungen über die psychologischen und pädagogischen Behandlungsbeiträge aus, die im SGB IX kodifiziert sind. Die Berücksichtigung der psychosozialen Behandlungsdimensionen werden allerdings durch das neue Entgeltsystem (4.2) und die sozialpolitischen Entwicklungen im Gesundheitswesen (4.3) infrage gestellt.

4.1 Rechtliche Grundlagen der Sozialen Arbeit im Krankenhaus

4.1.1 SGB V

Die gesetzlichen Grundlagen für die Soziale Arbeit im Krankenhaus sind im Sozialgesetzbuch V und in den jeweiligen Landeskrankenhausgesetzen zu finden. Im §112 Abs. 2 Nr. 4 und 5 SGB V sind die soziale Beratung und Betreuung der Versicherten sowie der nahtlose Übergang von der Krankenhausbehandlung zur Rehabilitation oder Pflege geregelt. In den jeweiligen Bundesländern sind zur Umsetzung dieses Gesetzes Rahmenempfehlungen vereinbart worden, in denen auch die Soziale Beratung und Betreuung fixiert ist. So ist z. B. in der Rahmenempfehlung des Landes Nordrhein-Westfalen festgeschrieben: „Das Krankenhaus hat während der Krankenhausbehandlung die soziale Betreuung und Beratung der Versicherten unter besonderer Beachtung der Wirtschaftlichkeit sicherzustellen; die sozialen Dienste anderer Stellen sind dabei einzubeziehen. Die soziale Betreuung dient dem Ziel, die aus der Krankheit und der Behandlung resultierenden Belastungen durch geeignete Hilfen abzubauen oder zu mildern sowie in den erforderlichen

Fällen an der Vorbereitung der nachstationären Versorgung mitzuwirken" (Gödecker-Geenen 2002, 441ff).

4.1.2 Landeskrankenhausgesetze

Die gesonderte Erwähnung der Sozialarbeit im Krankenhaus in den Landeskrankenhausgesetzen geht auf die Initiative von Margret Mehs, der langjährigen Vorsitzenden der Deutschen Vereinigung für den Sozialdienst im Krankenhaus e.V., zurück, die sich in den 60er- und 70er-Jahren sehr engagiert für die gesundheitspolitische Anerkennung der Sozialen Arbeit im Krankenhaus einsetzte.

Im Jahre 1973 wurde der Krankenhaussozialdienst erstmalig im Landeskrankenhausgesetz von Rheinland-Pfalz verankert. Die meisten anderen Bundesländer folgten inzwischen diesem Beispiel. Auszüge aus den Landeskrankenhausgesetzen verschiedener Bundesländer finden Sie auf der Homepage des Verlags unter www.reinhardt.de. In unterschiedlicher Ausgestaltung sind der Auftrag und die Bedeutung der Sozialen Arbeit in den jeweiligen Landeskrankenhausgesetzen geregelt (Kaiser 2001, 146f). Es erfolgte aber keine einheitliche Definition der Aufgaben, auch die personelle Ausstattung ist bis heute nicht übereinstimmend standardisiert. Die Qualifikation der Mitarbeiter des sozialen Dienstes in Krankenhäusern ist in der Regel nicht festgeschrieben. Insgesamt ist die rechtliche Basis des Handlungsfelds als nicht umfassend zu bewerten.

4.1.3 SGB IX als Handlungsbasis zur Beratung von kranken und behinderten Menschen

Die Beiträge der Sozialen Arbeit zur Behandlung werden durch das am 01.07.2001 in Kraft getretene Sozialgesetzbuch (SGB) IX (Gesetz zur Rehabilitation und Teilhabe behinderter oder von Behinderung bedrohter Menschen) aufgewertet. Das SGB IX enthält Regelungen, die auf eine verbesserte soziale und berufliche Teilhabe behinderter und von Behinderung bedrohter Menschen zielen. Für die Soziale Arbeit im Gesundheitswesen bieten sich vor allem Chancen im Bereich der Beratung von Patienten in Kliniken, Einrichtungen und Beratungsstellen (Mühlum/Gödecker-Geenen 2003). Soziale Arbeit im Krankenhaus erbringt bereits viele der in diesem Gesetz vorgesehenen Beratungsleistungen wie

- frühestmögliche und themenübergreifende Information und individuelle Beratung,
- Unterstützung von Patienten und ihrer Angehörigen bei der Klärung des zuständigen Leistungsträgers und ggf. Antragstellung,
- umfassende Rehabedarfsklärung (Weis 2001).

§26 Abs. 3 Nr. 1–7 SGB IX benennt die Leistungen zur medizinischen Rehabilitation, für deren Umsetzung Sozialarbeiter im Krankenhaus mit besonderen psychosozialen Kompetenzen gefragt sind (Mühlum/Gödecker-Geenen, 2003). Hierzu zählen:

- Hilfen zur Unterstützung bei der Krankheits- und Behinderungsverarbeitung
- Aktivierung von Selbsthilfepotenzialen
- Information und Beratung von Partnern und Angehörigen sowie von Vorgesetzten und Kollegen unter der Voraussetzung der Zustimmung des Leistungsberechtigten
- Hilfen zur seelischen Stabilisierung und zur Förderung der sozialen Kompetenz, u. a. durch Training sozialer und kommunikativer Fähigkeiten und im Umgang mit Krisensituationen
- Training lebenspraktischer Fähigkeiten
- Anleitung und Motivation zur Inanspruchnahme von Leistungen der medizinischen Rehabilitation

Sozialarbeiter im Krankenhaus verfügen über spezifisches Fachwissen im Hinblick auf Krankheitsbewältigung, Behinderungsverarbeitung, Angehörigenberatung und Krisenintervention sowie über Auswirkungen von Krankheiten. Sie sind in der Lage, bereits während der Krankenhausbehandlung Rehabilitationspotenziale zu erkennen und geeignete Weichen für nachsorgende Maßnahmen zu stellen. Das SGB IX ist eine gute Basis zur Umsetzung weiterer psychosozialer Handlungsansätze. Die Entstehung des Gesetzes ist eine Reaktion des Gesetzgebers auf sozial- und gesundheitswissenschaftliche Erkenntnisse über die Bedeutung der psychosozialen Faktoren in der Entstehung und den Verlauf komplikationsreicher Erkrankungen. Mit dem SGB IX wird der Leistungskatalog der Rehabilitation erweitert (Ansen 2002, 83f).

4.2 Finanzierungsgrundlagen der Sozialen Arbeit im Krankenhaus

Die Kosten der Krankenhausbehandlung werden durch Pflegesätze bzw. Behandlungspauschalen abgedeckt. Eine eigenständige Abrechnung der Beratungsleistungen des Sozialen Dienstes erfolgt nicht. Im Folgenden werden die Grundlagen der Krankenhausplanung und -finanzierung dargestellt. Es wird Bezug auf die aktuellen Veränderungen in der Krankenhausfinanzierung (Einführung der DRGs) genommen.

Krankenhausplanung und -finanzierung in Deutschland: Die wichtigsten Rechtsgrundlagen für die stationäre Versorgung in Deutschland basieren auf dem Krankenhausfinanzierungsgesetz (KHG), der Bundespflegesatzverordnung (BPflV), dem Sozialgesetzbuch V, den Krankenhausgesetzen der Länder sowie dem in 2002 in Kraft getretenen Krankenhausentgeltgesetz (KHEntgG) (Beske/Hallauer 2001; Rosenbrock/ Gerlinger 2004).

Es ist der Auftrag der Bundesländer, bedarfsgerechte Krankenhausleistungen zur Verfügung zu stellen. Zu diesem Zweck wird in jedem Bundesland ein Krankenhausplan entworfen, der die erforderlichen Krankenhäuser und Behandlungsplätze enthält (Rosenbrock/Gerlinger 2004). Nach Angaben der Deutschen Krankenhausgesellschaft findet die Umsetzung in den Ländern in sehr unterschiedlicher Form statt. Einige Länder benennen lediglich Standorte der Häuser, während andere differenzierte Vorgaben im Hinblick auf die einzelnen Abteilungen der Kliniken vorschreiben. An den Planungen sind die Landeskrankenhausgesellschaften und die Krankenkassenverbände beteiligt (DKG 2002b). Durch dic Aufnahme in den Landeskrankenhausplan ist für die jeweiligen Häuser der Abschluss eines Versorgungsvertrags mit den zuständigen Verbänden der Krankenkassen rechtsverbindlich. Der Bettenbedarf wird aus verschiedenen Kriterien mit einer bestimmten Berechnungsformel ermittelt:

- Einwohnerzahl,
- Krankenhausaufnahmen (z. B. je 1.000 Einwohner),
- durchschnittliche Verweildauer,
- erwünschter Bettennutzungsgrad (Orientierungsgröße = 85 %).

Im Rahmen der Diskussionen um die zukünftige Krankenhausplanung wird häufig gefordert, weitere Aspekte in die Überlegungen mit einzubeziehen. Dabei handelt es sich meist um regionale Unterschiede in der

Krankenversorgung (z. B. Ärzte-/Fachärztedichte, Angebote an ambulanten Versorgungseinrichtungen wie Alten-/Pflegeheime oder Rehabilitationseinrichtungen). Aber auch Aspekte der Morbiditätsentwicklung bei bestimmten Krankheitsarten sollten eine Rolle spielen (Rosenbrock/Gerlinger 2004). Auch die Berücksichtigung der demographischen Entwicklung in bestimmten Regionen wird eingefordert, da sie insbesondere die Akutkrankenhäuser mit einer hohen Anzahl an chronisch Kranken und multimorbiden Patienten konfrontieren wird. Es wird auf die Notwendigkeit des Vorhaltens von entsprechenden Ressourcen hingewiesen (Beske/Hallauer 2001).

Die Krankenhausfinanzierung in Deutschland erfolgt auf der Basis eines dualistischen Prinzips. Nach §1 Abs. 1 KHG erfordert eine bedarfsgerechte Versorgung der Bevölkerung mit leistungsfähigen, eigenverantwortlich wirtschaftenden Krankenhäusern eine wirtschaftliche Sicherung der Einrichtungen, die im Krankenhausbedarfsplan aufgenommen sind. Die duale Finanzierung umfasst:

- die Finanzierung der Krankenhausinvestitionen durch den Staat: Damit sind die Kosten gemeint, die durch die Vorhaltung von Krankenhauskapazitäten entstehen. Dies betrifft den Krankenhausbau, die Erstausstattung sowie die Neuanschaffung von Anlagegütern;
- die Übernahme der laufenden Betriebskosten durch die Krankenkassen, die unmittelbar im Zusammenhang mit der Krankenhausbehandlung entstehen: Die Vergütungsform der laufenden Kosten hat sich in den letzten Jahren verändert. Bis Mitte der 90er-Jahre wurden vollpauschalierte Tagespflegesätze bezahlt. Danach wurde ein Mischsystem, bestehend aus Fallpauschalen, Sonderentgelten und Pflegesätzen, eingeführt. Seit Anfang 2004 erfolgt die Finanzierung der laufenden Kosten durch die Krankenkassen über diagnosebezogene Fallpauschalen (Diagnosis related Groups – DRG) (Rosenbrock/Gerlinger 2004).

Krankenhäuser werden in Zukunft ausschließlich festgelegte Erlöse für ihre Leistungen erhalten. Patienten werden in Fallgruppen nach Diagnosen, Nebendiagnosen, Schweregrad und Komplikationen eingeteilt. Diese neue Vergütungsordnung soll bis 2007 flächendeckend im Bundesgebiet umgesetzt werden. Angestrebt wird ein einheitlicher Preis für eine Behandlungsleistung, unabhängig vom Standort und dem Versorgungsstatus der Klinik. Ziele dieser gesetzlichen Neuregelung sind eine verbesserte Transparenz der Leistungen und eine Reduzierung der Kosten im Krankenhausbereich (Nau/Gödecker-Geenen 2003, 9f).

Die Auswirkungen auf die Krankenhausbehandlung sind noch nicht im Detail absehbar. Es wird jedoch eine erhebliche Verkürzung der Verweildauer gefordert. Ein Krankenhaus kann dann mehr Einnahmen erzielen, wenn es gelingt, einen höheren Durchlauf an Patientenzahlen zu erringen. Dieses Ziel kann nur durch eine erhebliche Verkürzung der Liegezeit der Patienten erreicht werden. Der Patient wird beispielsweise zukünftig nicht mehr solange im Krankenhaus verbleiben können, bis ein Rehabilitations- oder Pflegeplatz zur Verfügung steht (Hoppe 2001, 62). Erwartet wird eine weitere Straffung der Gesamtabläufe. Die für den Patienten zur Verfügung stehende Zeit wird sich verkürzen.

Es ist davon auszugehen, dass insbesondere aus der Sicht des Krankenhausmanagements der Arbeitsbereich „Sozialdienst im Krankenhaus" unter „DRG-Bedingungen" einen besonderen Erfolgsfaktor für die sich im Wettbewerb befindenden Krankenhäuser darstellt. Die Bedeutung dieser Dienstleistung wird daran gemessen, wie schnell die Verlegung eines Patienten in eine andere Institution oder in seine häusliche Umgebung organisiert werden kann. „Der Krankenhaus-Sozialarbeiter wird auf diese Weise zu einem wichtigen Partner des Managements bei der Steuerung des Unternehmens" (Spindler 2000, 26–27). In der Konsequenz werden sich der Beratungsumfang und die Beratungsintensität reduzieren, und psychosoziale Aspekte werden nur soweit berücksichtigt, wie sie nicht zu einer Verlängerung der Liegezeit führen (Gödecker-Geenen/Nau 2002b, 312f).

Für das Krankenhaus besteht die Notwendigkeit, den Patienten dann zu entlassen, wenn die somatische Behandlung abgeschlossen ist. Die Auswirkungen auf den Beratungs- und Überleitungsprozess der Sozialen Arbeit sind erheblich. Die Krankenhausbehandlung wird von massivem Zeitdruck für alle beteiligten Berufsgruppen geprägt werden. Es ist zu befürchten, dass die individuellen Interessen der Patienten und ihrer Angehörigen in den Hintergrund treten.

Die dargestellten Veränderungen werden von verschiedenen Beteiligten im Gesundheitswesen aber auch als Herausforderung für die Soziale Arbeit bewertet. Management- und Steuerungsaspekte im Rahmen der Krankenhausbehandlung treten mehr in den Vordergrund. Die Bedeutung von Sozialer Arbeit im Rahmen des Gesamtbehandlungsprozesses nimmt nach Meinung von Fachleuten des Krankenhausmanagements zu. Über die ansteigende Bedeutung der Sozialen Arbeit in Krankenhäusern heißt es bei Gotthardt (2002, 49f): „Bedingt durch eine schnellere Entlassung/Verlegung der Patienten, wird ihre Berufsgruppe noch stärker angefragt und ihre Arbeitsinhalte bzgl. der sozialen Perspektiven der Patienten nach Krankenhausaufenthalt werden zunehmen.

Auch ihre Rolle als Führer durch den Paragraphen- und Gesetzesdschungel wird noch bedeutsamer."

Als Reaktion auf die veränderten Rahmenbedingungen im Krankenhausbereich entstanden verschiedene Praxiskonzepte der Sozialen Arbeit im Krankenhaus. Zu nennen sind das Projekt der „Koordinierten Entlassung" (Windolf 2002, 50–52) und die klinisch-interdisziplinäre Konzeption der „Sozialvisite" (Hegeler 2002a, 52ff). Diese Konzepte verdeutlichen die Notwendigkeit der Spezialisierung und Profilierung im Arbeitsfeld Krankenhaus, auch unter den veränderten Handlungsbedingungen. Sie werden im Kap. 6 dieses Bandes näher vorgestellt.

4.3 Sozialpolitische Rahmenbedingungen

4.3.1 Das Gesundheitswesen im Umbruch

Die Finanzierung und die Finanzierbarkeit des Gesundheitswesens sind ein Dauerthema in der gesundheitspolitischen Diskussion und Anlass häufiger Kontroversen. Auch die Soziale Arbeit im Gesundheitswesen ist zunächst ein Kostenfaktor und somit Teil dieser Diskussion. Die von ihr zu betreuenden Patienten sind Nutzer des Gesundheitssystems und in vieler Hinsicht von Veränderungen in diesem Kontext betroffen.

Eine Reihe von Experten ist der Meinung, dass unser Gesundheitssystem dringend einer grundlegenden Reform unterzogen werden soll. So konnte man bereits im Sommer 2000 in der Zeitung „Die Zeit" (Nr. 36) lesen: „Das Gesundheitswesen steht vor dem Kollaps, das deutsche System ist zu teuer, es arbeitet aber trotzdem ineffizient." Unterschiedliche Lösungsansätze werden formuliert:

- Die einen fordern mehr Eigenverantwortung bei der Finanzierung von Krankenhausbehandlungskosten, um auf Dauer den Arbeitgeberanteil an der Gesetzlichen Krankenversicherung zu reduzieren und die Konkurrenzfähigkeit deutscher Unternehmen zu steigern. Auch die zu erwartende Kostensteigerung im System durch die demographische Entwicklung und den medizinisch-technischen Fortschritt wird ins Feld geführt.
- Andere verlangen, den Grundsatz der Solidarität in der gesetzlichen Krankenversicherung stärker als bisher zu berücksichtigen und soziale Ungerechtigkeiten abzubauen (Szathmary 1999).

Insgesamt haben Experten große Zweifel, ob die derzeitige Finanzierungsbasis des Systems dauerhaft für die Aufrechterhaltung der gesetzlichen Krankenversicherung in ihrer heutigen Form ausreicht. Verschiedene Reformvorschläge werden derzeit umfassend diskutiert.

Beitragsorientierte Maßnahmen

Aufhebung oder Anhebung der Versicherungspflichtgrenze: Dieser Vorschlag bedeutet die Umwandlung der gesetzlichen Krankenversicherung in eine Bürgerversicherung, in der jeder Bürger, der Einkommen erzielt, einzahlen muss (Selbstständige, Beamte und Arbeitnehmer). Die private Krankenversicherung würde in ihrem ursprünglichen Sinn abgeschafft werden. Der Vorteil dieses Modells wird darin gesehen, dass voraussichtlich eine erhebliche Beitragseinnahmesteigerung durch die gut verdienenden neuen Mitglieder erzielt wird.

Anhebung der Beitragsbemessungsgrenze: Durch diese Maßnahme würden besser Verdienende stärker zur Finanzierung der gesetzlichen Krankenversicherung herangezogen. Kritiker dieses Reformvorschlags befürchten, dass der genannte Personenkreis eher zur privaten Krankenversicherung wechseln wird und sich die Hoffnung auf höhere Beitragseinnahmen der gesetzlichen Krankenversicherung nicht erfüllt.

Einbeziehung anderer Beitragsarten: Dieser Reformvorschlag möchte auch Einnahmen aus Vermietung und aus Kapitalgewinnen u. a. in die Beitragsbemessung einbeziehen. Kritisch ist hier zu sehen, dass dieser Vorschlag eine Abkehr vom paritätischen Prinzip bedeuten würde.

Trennung des Leistungskatalogs der gesetzlichen Krankenversicherung: Dieses Denkmodell beinhaltet die Aufsplitterung des bisher einheitlichen Leistungskatalogs in Grund- und Wahlleistungen. Es bedeutet eine Abkehr vom bisherigen Prinzip, allen Versicherten das medizinisch Notwendige zu erstatten. Damit soll der Grundsatz der Selbstverantwortung beim Patienten gestärkt werden und ein höheres Maß an Entscheidungsfreiheit entstehen. Es wird erwartet, dass bei diesem Vorschlag eine wesentliche Mehrbelastung der Patienten erfolgt.

Einführung einer Kopfpauschale: Eine Kopfpauschale soll jeden Bürger belasten, unabhängig von Einkommen, Gesundheitszustand, Alter und anderen Merkmalen. Es wird ein gleich hoher Versicherungsbeitrag fällig (Rosenbrock/Gerlinger 2004).

Versichertenorientierte Maßnahmen

Selbstbeteiligung: Diese wird bereits seit vielen Jahren in unterschiedlicher Form praktiziert. Es soll ein effektives Steuerungsinstrument sein, um Einfluss auf das Inanspruchnahmeverhalten der Versicherten auszuüben. Die Politik hat bisher aufgrund des Solidaritätsprinzips versucht, dieses Instrument sozial verträglich einzusetzen.

Prävention: Sie soll Krankheiten verhindern und damit auch Krankheitskosten mindern. Dabei steht die Förderung eines gesundheitsbewussten Verhaltens im Vordergrund. Man unterscheidet Primär-, Sekundär- und Tertiärprävention. Die Art der Präventionsleistung hängt vom Zeitpunkt der erbrachten Intervention ab (Waller 2002). Der Gesetzgeber hat Prävention auch gesetzlich verankert (§§20–26 SGB V). In dieser gesetzlichen Grundlage sind auch Aufklärungs- und Beratungspflichten zur Verhütung von Krankheiten sowie zur Aufnahme von prophylaktischen Leistungen in den Leistungskatalog der gesetzlichen Krankenversicherung enthalten.

Rehabilitation: Sie umfasst alle medizinischen, beruflichen und sozialen Maßnahmen zur Eingliederung von behinderten und von Behinderung bedrohten Menschen in die Gesellschaft. Dabei spielt gerade die Verzahnung von Familie, stationären und ambulanten Leistungserbringern und den Rehabilitationseinrichtungen eine große Rolle (Waller 2002).

Dienstleisterorientierte Maßnahmen

Hausarztmodelle und vernetzte Praxen: Die Rolle des Hausarzts wird gestärkt. Der Hausarzt wird zum Lotsen im Gesundheitssystem. Patienten erhalten Leistungsanreize, wenn sie zunächst die Hausarztpraxis aufsuchen. Vernetzte Praxen sollen die Kooperation zwischen Haus- und Fachärzten verbessern. Außerdem soll die ambulante Behandlung gestärkt werden.

Kooperationsmodelle zwischen Akutkrankenhäusern und Rehabilitationskliniken: Dabei erfolgt die enge Verzahnung zwischen Akutbehandlung und stationärer/teilstationärer Rehabilitationsbehandlung. Damit wird der Gesamtbehandlungsprozess bei bestimmten Krankheitsbildern optimiert und effektiver gestaltet, ohne Qualität einzubüßen.

Derartige Modelle finden in verschiedenen Indikationsbereichen Anwendung (z. B. Kardiologie, Orthopädie) (Szathmary 1999).

4.3.2 Rahmenbedingungen für die Handlungsansätze der Sozialen Arbeit

Neben den Kostenfragen werden aber auch strukturelle Defizite im Gesundheitssystem reklamiert, die vor allem durch die divergierenden Interessen der Akteure, Berufsgruppen und Interessenvertreter bedingt sind. Monetäre Aspekte beherrschen viele Entscheidungen über den Behandlungsverlauf. Eine Folge ist z. B., dass psychosoziale Aspekte in der Behandlung zunehmend in den Hintergrund treten.

Auch die Soziale Arbeit im Gesundheitswesen muss sich in diesem System bewegen. Der Blickwinkel in der Gesundheitspolitik richtet sich zunehmend auf den Gesamtbehandlungsprozess einer Erkrankung – vom ersten Arztbesuch bis zur Rehabilitation und Nachsorge – und auf Konzepte der integrierten Versorgung. Auch das Disease-Management wird zukünftig die Abläufe im Gesundheitswesen verändern. „Dabei stellen gerade Sozialarbeiterinnen und Sozialarbeiter ein unverzichtbares Bindeglied zwischen der medizinischen und pflegerischen Versorgung im Krankenhaus und der Betreuung in Rehabilitations- und Pflegeeinrichtungen dar. (…) Dabei zeichnet die klinische Sozialarbeit eines in besonderer Weise aus: der ganzheitliche Blick auf kranke Menschen und ihre spezifischen Bedürfnisse“ (Gödecker-Geenen/Nau 2002a).

Soziale Arbeit hat den gesetzlichen Auftrag, Patienten mit sozialen und persönlichen Problemen, die im Zusammenhang mit ihrer Erkrankung und der Behandlung stehen, zu beraten und geeignete Maßnahmen einzuleiten. Primär geht es dabei um Aktionen der Nachsorge und Rehabilitation (Reinicke 2001a). Das Ziel der Beratung richtet sich auf die Krankheitsverarbeitung und die Bewältigung der veränderten Lebenssituation nach der Entlassung. Dieses umfassende Beratungskonzept vermittelt wesentliche Anteile zur Heilung des Patienten und zur Vermeidung erneuter Erkrankungen (Ansen 2001, 63f).

Durch die zunehmende Ökonomisierung des Gesundheitswesens reduzieren sich die Handlungsspielräume für die Soziale Arbeit im Gesundheitswesen und in der Institution Krankenhaus. Die fachliche Qualität sozialarbeiterischer Leistungen wird vielfach in ein Entlassungsmanagement mit möglichst optimaler Fallsteuerung, das unter wirtschaftlichen Vorzeichen durchgeführt wird, umfunktioniert. Soziale Arbeit steht unter dem Druck, in immer kürzerer Zeit geeignete Versorgungslösungen zu erarbeiten und umzusetzen. Das psychosoziale Selbstverständnis der Sozialen Arbeit im Krankenhaus gerät zunehmend in einen Widerspruch zum veränderten ökonomischen Anforderungsprofil.

Soziale Arbeit im Gesundheitswesen ist immer auch Beziehungsarbeit, die nach einer umfassenden psychosozialen Diagnostik geeignete Versorgungslösungen gemeinsam mit dem Patienten erarbeitet. Bestandteile dieses Arbeitsansatzes sind die Stärkung des Selbsthilfepotenzials der Patienten sowie die Förderung der Eigenverantwortung für die eigene Gesundheit (Waller 2002). Die Genesung wird neben der medizinischen Behandlung erheblich von der Fähigkeit des Patienten beeinflusst, mit den Folgen seiner Erkrankung umzugehen und die geeigneten Hilfs- und Versorgungsangebote des Gesundheitssystems zu nutzen (Seelhorst 2003). Wie die Soziale Arbeit dabei methodisch vorgehen kann und welche Handlungskonzepte vorliegen, ist Gegenstand des folgenden Kapitels.

5 Methodische Ansätze des Handlungsfelds

In den Ausführungen über die methodischen Ansätze der Sozialen Arbeit werden Aspekte der Sozialen Beratung (5.1) und des Case-Managements (5.2) dargestellt. Die Soziale Beratung und das Case-Management werden aus der Perspektive der Sozialen Arbeit erörtert. Beide methodischen Ansätze sind dem Gegenstand der Sozialen Arbeit verpflichtet. Dieses Grundverständnis hat Auswirkungen auf die Problemerfassung, die Gestaltung des Hilfeprozesses und die Auswahl von Interventionsformen.

5.1 Soziale Beratung im Krankenhaus

5.1.1 Soziale Beratung im Rahmen der Sozialen Arbeit

Die Soziale Beratung ist eine zentrale Handlungsmethode der Sozialen Arbeit. In ihrer inhaltlichen und methodischen Ausrichtung ist sie dem Gegenstand der Sozialen Arbeit verpflichtet. Die Soziale Arbeit kümmert sich um die Folgen sozialer Probleme für die Alltagsbewältigung von Einzelnen, Familien und sozialen Gruppen. Die Dienste und Einrichtungen der Sozialen Arbeit unterstützen Menschen, die aufgrund individueller oder sozialer Belastungen in ihren Lebensbezügen scheitern oder zu scheitern drohen. Das zentrale Ziel der Sozialen Arbeit besteht darin, die lebenspraktische Autonomie von Menschen zu erhalten oder wiederherzustellen. In der praktischen Sozialen Arbeit werden die subjektiven Deutungen und die sozialen Lebensumstände der Klientel berücksichtigt. Die Beiträge der Sozialen Arbeit zur Lebensbewältigung umfassen Angebote, die das Selbstwertgefühl von Menschen erhöhen, ihre soziale Orientierung verbessern, die soziale Unterstützung in den primären und sekundären Netzen ausbauen und ihre soziale Integration und Teilhabe garantieren (Böhnisch 1999).

Die Soziale Beratung dient mit ihren Interventionen der Bewältigung von Alltagsproblemen. Hierzu zählen u. a. die sozialen und persönlichen

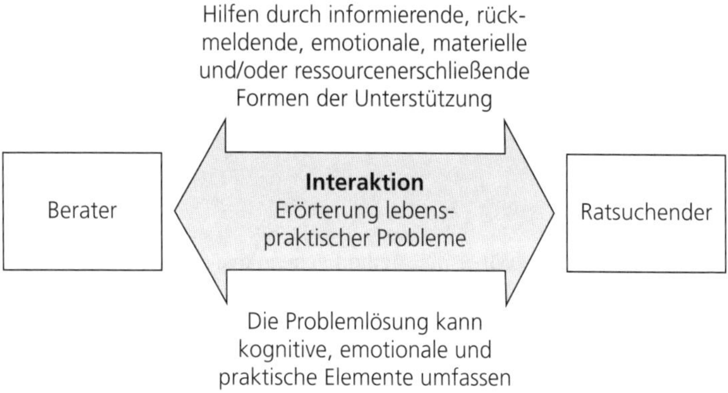

Abb. 3: Grundform der Beratung

Folgen einer schweren Erkrankung. Die persönliche Befähigung für den Umgang mit einer Krankheit und die Anbindung an das soziale Sicherungssystem unterstützen das Ziel, die soziale Teilhabe zu verbessern und eine eigenständige Gestaltung des Lebens zu ermöglichen. In der Sozialen Beratung knüpfen wir an die teilweise unkonventionellen Lebensentwürfe der Ratsuchenden an. Eine voreilige Anpassung an die Lebensgewohnheiten der Bevölkerungsmehrheit ist mit den Interessen rat- und hilfesuchender Menschen nicht zu vereinbaren. Methodisch betrachtet, handelt es sich bei der Grundform der Beratung um eine Interaktion zwischen einem Ratsuchenden und einem Berater, in der lebenspraktische Probleme erörtert werden.

Die Problemlösung kann kognitive, emotionale und praktische Elemente umfassen. Der Ratsuchende ist daran interessiert, unterschiedliche Sichtweisen auszutauschen, Unsicherheiten zu besprechen, Perspektiven zu gewinnen und die Folgen möglicher Entscheidungen gemeinsam mit dem Berater abzuwägen (Sickendiek et al. 1999). Hilfe erfolgt in der Beratung durch informierende, rückmeldende, emotionale, materielle und/oder ressourcenerschließende Formen der Unterstützung (Pearson 1997). Der Erfolg einer Beratung hängt nicht nur von den eingebrachten Inhalten und Gesprächstechniken ab, sondern auch von der Bereitschaft des Ratsuchenden, sich auf die Beratung einzulassen und mitzuarbeiten.

Die Beratung beginnt mit der Erfassung der Lebenslage und der darin eingelassenen sozialen Probleme der Ratsuchenden. Im Beratungsgespräch werden die Ursachen gemeinsam reflektiert, Lösungen abgewogen und gezielte Lösungsschritte verabredet und umgesetzt. Darin folgt die Beratung den Handlungsschritten der Einzelfallhilfe (Spiegel 2002, 592). Zu Beginn der Sozialen Beratung wird der Ratsuchende über die möglichen Inhalte und den institutionellen Rahmen aufgeklärt. Von Interesse sind die Erwartungen des Ratsuchenden, die sich auf das Beratungsgespräch auswirken. In der Beratung werden die sprachlichen Möglichkeiten des Ratsuchenden gewürdigt. Generell gilt, dass der Berater möglichst kurz und anschaulich formuliert, Aussagen des Ratsuchenden aufgreift, Peinlichkeiten vermeidet und mit Deutungen sparsam umgeht (Finke 1999).

Die Soziale Beratung dominiert das Handlungsrepertoire der Sozialarbeiter im Krankenhaus. Der Gesetzgeber sieht nach §112 Abs. 2 Nr. 4 und 5 SGB V die soziale Betreuung und Beratung der Versicherten im Krankenhaus und die ebenfalls in das Aufgabenfeld der Sozialen Arbeit fallende Organisation des nahtlosen Übergangs aus der stationären Phase in die Rehabilitation oder Pflege als Bestandteile der Krankenhausbehandlung vor. Die persönlichen und sozialen Folgen einer Krankenhausbehandlung bzw. einer Krankheit prägen die Beratungsgespräche, die Sozialarbeiter mit Patienten führen.

In jedem Jahr werden etwa 17 Mio. Patienten in Krankenhäusern behandelt. Neben den mit einer längeren Erkrankung verbundenen beruflichen und finanziellen Fragen beschäftigen viele Patienten Angst und Unsicherheit über den Verlauf der Krankheit, die Auswirkungen von Behandlungen und die Zeit nach der Krankenhausentlassung. Die Angst und Unsicherheit von Patienten wird durch eine zu geringe Information und die Vernachlässigung ihrer persönlichen und sozialen Lebensumstände in der Behandlung begünstigt (Waller 2002). Diese erste Annäherung an die Situation von Krankenhauspatienten macht bereits deutlich, in welche Richtung die Soziale Beratung im Krankenhaus gehen muss. Eine genauere Analyse des Unterstützungsbedarfs von Patienten mit komplikationsreichen Erkrankungen trägt dazu bei, die möglichen Themen der Sozialen Beratung zu spezifizieren.

5.1.2 Beratungs- und Unterstützungsbedarf von Patienten im Krankenhaus

In der Sozialen Beratung von Patienten im Krankenhaus stehen die sozialen und persönlichen Probleme, die unmittelbar mit der Krankheit zusammenhängen, im Mittelpunkt. Das breite Spektrum möglicher Interventionen der Sozialen Arbeit kann in diesem institutionellen Rahmen nicht ausgeschöpft werden. Wenn sich in der Beratung abzeichnet, dass ein komplexer Versorgungsbedarf besteht, wechseln wir in ein Case-Management (s. u.).

Bei sozialen Problemen handelt es sich um eine bedeutsame Diskrepanz zwischen den sozialen Standards, die für die Mehrheit der Bevölkerung gelten, und der sozialen Realität von Menschen, deren soziale und materielle Versorgung defizitär ist. Um von einem sozialen Problem sprechen zu können, müssen die möglichen Ursachen auf menschliches Handeln zurückzuführen und damit durch soziale Maßnahmen auch veränderbar sein. Soziale Probleme manifestieren sich in den sozialen Verhältnissen, die eine ausreichende Versorgung für einen Teil der Bevölkerung nicht sicherstellen und/oder in abweichenden Verhaltensweisen wie Kriminalität oder psychischen Störungen, die gegen Verhaltenserwartungen verstoßen. Für die Soziale Beratung im Krankenhaus sind die Zusammenhänge zwischen sozialen Problemen und Krankheit relevant. Die Verbindung kann man am Beispiel der Armut als einem typischen sozialen Problem verdeutlichen.

Nach übereinstimmenden Befunden der Armutsforschung ist der Gesundheitszustand der unteren Einkommensgruppen schlechter als in wohlhabenden Bevölkerungsgruppen (Rosenbrock 2002, 32). Ein sozialer Schichtgradient ist insbesondere für chronisch-degenerative Erkrankungen wie koronare Herzerkrankungen, zerebrovaskuläre Erkrankungen, Atemwegserkrankungen, Bronchialkarzinome, Diabetes mellitus und Aids nachgewiesen. Ausschlaggebend für die Häufung bei sozial benachteiligten Gruppen sind die belastenden Lebens- und Arbeitsbedingungen, gesundheitsschädliche Lebensstile und der soziale und emotionale Stress (Siegrist/Möller-Leimkühler 2000, 97). Heute entfallen etwa drei Viertel aller Krankheiten auf chronische Erkrankungen, die neben kurativen Maßnahmen auch persönliche Hilfen zur Krankheitsbewältigung, ökonomische Kompensationen und die Sicherung der sozialen Unterstützung erfordern.

Betrachtet man die persönlichen Folgen von Krankheiten, so fällt auf, dass zwischen der objektiv diagnostizierten Erkrankung und dem subjektiven Erleben häufig eine große Lücke klafft. Für den Patienten ist die Krankheit immer eine gelebte Erfahrung, die sehr viel belastender sein kann, als die Diagnose rechtfertigt (Morris 2000). Eine gut behandelbare Tumorerkrankung mit einer günstigen Prognose (medizinische Sichtweise) kann beim Patienten Todesängste auslösen (subjektive Sichtweise).

In der Sozialen Beratung berücksichtigen wir das subjektive Krankheitserleben, das für den Behandlungs- und Heilungsverlauf bedeutsam ist. Das persönliche Erleben wird auch durch die Rollenveränderungen beeinflusst, denen Patienten ausgeliefert sind. Hierzu zählen beispielsweise die Verluste der Arbeitnehmerrolle, der Rolle des Familienernährers oder des Sportskameraden. Gelingt es, die persönlichen und sozialen Folgen einer Erkrankung zu bewältigen, trägt dies zu einer Verbesserung des Allgemeinzustands und einem stabileren Immunsystem bei. Die Soziale Beratung liefert somit unspezifische Behandlungsbeiträge ab, die die medizinische Therapie optimieren.

Die folgende Fallschilderung von Jochen Herlt (2001, 99f) veranschaulicht, mit welchen Problemen wir in der Sozialen Beratung konfrontiert werden.

Falldarstellung: „Ein 56-jähriger Patient, noch unter dem Schock der Krebsdiagnose, lässt in einem solchen Erstgespräch seine Gefühle zu, nein, die Emotionen brechen durch, wollen ins Bewusstsein. Und so redet der Mann in seinem Schmerz, was er in seinem Leben doch alles falsch gemacht habe. Tränen unterbrechen seinen Redefluss. Er habe nur gearbeitet, Samstag, Sonntag, ach! Und dabei seine Frau vernachlässigt, die Analphabetin sei und seine Hilfe doch in so vielem gebraucht hätte. Jetzt habe er diesen Krebs an der Zunge. Ob er wohl noch arbeiten könne, für die Rente sei es doch noch zu früh und ein Verdiener müsse doch noch da sein, seine Frau sei arbeitslos, alle Versuche einer Arbeitsaufnahme seien fehlgeschlagen. Und auf einmal beginnt er davon zu sprechen, dass er das mit der Arbeit ändern werde, überhaupt sich mehr Zeit für seine Frau nehmen wolle, denn die brauche ihn jetzt sehr."

In der Beratung dieses Patienten spielen Hilfen zur persönlichen Krankheitsbewältigung eine ebenso wichtige Rolle wie die Erörterung der finanziellen Lebensumstände, der infrage kommenden Rehabilitationsmaßnahmen, einer möglichen Anerkennung als Schwerbehinderter und der Veränderung von Lebensgewohnheiten, einschließlich der Auswirkungen der Krebserkrankung auf die Partnerschaft, um nur die wichtigsten Themen zu nennen. Wie diese vielfältigen Anforderungen in Beratungsgesprächen bewältigt werden können, ist Gegenstand der folgenden Abschnitte.

5.1.3 Aspekte der Beratungsbeziehung

Mitunter hört und liest man, dass die Beratung im Wesentlichen Beziehungsarbeit sei. Auch wenn es in der Beratung nicht ohne Beziehung geht, wird die Verengung auf die Beziehungsarbeit der komplexen Sozialen Beratung nicht gerecht. Gleichwohl gilt, dass für die Beratung die Qualität der Interaktion des Beraters mit dem Ratsuchenden von grundlegender Bedeutung ist. Für die Beratung ist ein vertrauensförderndes Klima sehr hilfreich. Es entsteht vor allem dann, wenn die Bedürfnisse des Ratsuchenden berücksichtigt, fachlich kompetente Hilfen vorgehalten und keine Maßnahmen gegen den Willen der Ratsuchenden eingeleitet werden (Wagenblass 2001, 1938).

Sucht ein krebskranker Patient den Sozialarbeiter im Krankenhaus auf, weil er sich Sorgen um seine finanzielle und berufliche Situation macht, so überzeugt ihn nicht nur unsere ohne jede Frage wichtige Empathie. Der Patient vertraut dem Sozialarbeiter vor allem dann, wenn er geeignete Informationen über die soziale Sicherung bei Krankheit und über seine beruflichen Möglichkeiten erhält. In der Sozialen Beratung werden methodische und inhaltliche Aspekte miteinander verbunden. Sehr treffend bringen dies Germain und Gitterman (1999) auf den Punkt: „Dabei wird die Tatsache übersehen, dass die Beziehung aus der Qualität der geleisteten Arbeit erwächst. Wenn der Sozialarbeiter übermäßig damit beschäftigt ist, eine ‚gute Beziehung' herzustellen, werden seine Aufmerksamkeit und Energie von den Belangen des Klienten abgelenkt und seine Fähigkeit zu helfen beeinträchtigt."

Für die Soziale Beratung ist eine Arbeitsbeziehung geboten, die sich beispielsweise von der Übertragungsbeziehung, der Alter-Ego-Beziehung und der pädagogischen Beziehung unterscheidet. Die von Finke für den therapeutischen Prozess beschriebenen Leitlinien der Arbeitsbeziehung werden auf die Soziale Beratung übertragen. Die Arbeitsbeziehung basiert auf einer haltgewährenden Zuwendung. Sie beinhaltet Interesse und Engagement für den Ratsuchenden, der ausdrücklich gestützt, gefördert und ermutigt wird. Diese emotionale Erfahrung erleichtert es dem Ratsuchenden, mit seinen Problemen umzugehen. Die Arbeitsbeziehung ist gleichzeitig von Neutralität geprägt. Gemeint ist damit keine vorschnelle Parteinahme für den Ratsuchenden, sondern eine Abwägung unterschiedlicher Interessen. Bezogen auf den Patienten im Krankenhaus resultiert daraus, dass die Belange der Institution, beispielsweise eine zügige Entlassung, nicht gegen den Wunsch des Patienten, der länger bleiben möchte, ausgespielt werden dürfen. Es wäre auch nicht sinnvoll, wenn in einer einseitigen Parteinahme übersehen würde, dass der Patient sozialrechtlich zur Mitwirkung in der Rehabilitation verpflichtet ist, um Leistungsansprüche nicht zu gefährden. Die Arbeitsbeziehung ist von einer ausreichenden Distanz geprägt, die dem Berater nüchterne Beobachtungen, Analysen und Interpretationen ermöglicht. Diese rationale Vorgehensweise ist nur aus der Position des Außenstehenden realisierbar (Finke 1999).

Die Überlegungen zur Beziehungsgestaltung sind deshalb so wichtig, weil die Beziehung ein entscheidender Wirkfaktor in der Beratung ist. Neben den methodischen Hinweisen ist die Haltung des Beraters für eine gelingende Beziehung ausschlaggebend. Beziehungsförderlich ist es, den Ratsuchenden in seiner belasteten Realität zu sehen, ihm in der Beratung Zeit einzuräumen, ein individuelles Selbst- und Problemverständnis zu entwickeln, seinen Wunsch nach Nähe und Distanz zu respektieren und keine falschen Hoffnungen zu wecken (Rauchfleisch 2001). In die Beratungsbeziehung fließen das Fachwissen und das Problemverständnis des Beraters ein, der den Ratsuchenden mit seinen kognitiven, emotionalen, sozialen und motivationalen Voraussetzungen erreichen möchte.

5.1.4 Beratungsbeginn und Erstgespräche

Erstgespräche im Rahmen der Beratung dienen der Herstellung einer Beziehung zum Ratsuchenden und einer vorläufigen Problemdefinition. Bei der Erfassung des Problems gehen wir in der Sozialen Beratung von den konkreten Lebensumständen und dem präsentierten Problem aus. Erst im weiteren Verlauf stoßen wir möglicherweise auf verdeckte Probleme, die der Ratsuchende zu Beginn noch nicht ansprechen konnte. Vielleicht fehlte noch das Vertrauen zum Berater, es bot sich im Gespräch keine passende Gelegenheit, dem Ratsuchenden kann die Sprache dafür gefehlt haben, Scham und Verlegenheit spielen ebenso eine Rolle wie ein mangelndes Problembewusstsein (Pantucek 1998). Die Kunst in der Beratung besteht darin, den Ratsuchenden einzuladen, seine Geschichte zu erzählen, die belastenden Faktoren zu erfahren und den bisherigen Umgang mit den Problemen in den Blick zu bekommen.

Um eine geeignete Gesprächsatmosphäre aufzubauen, ist aufseiten des Beraters ein empathisches Vorgehen sehr hilfreich. Empathie bedeutet, die andere Person möglichst so zu sehen und zu erleben, wie diese denkt und fühlt. Empathie setzt die Fähigkeit voraus, sich mit dem Ratsuchenden zu identifizieren, das Erleben des Ratsuchenden zu fühlen, eigene Erfahrungen zu aktivieren, die das Einfühlen vertiefen, und sich dann wieder zu distanzieren, um das Erleben, Fühlen und Denken des Ratsuchenden zu analysieren (Germain/Gitterman 1999). Bezogen auf den oben erwähnten krebskranken Patienten, stellt sich die Frage, wie er in der Beratung auf das Thema Schwerbehinderung reagiert. Der sozialrechtliche Hinweis auf die Möglichkeit, einen Schwerbehindertenausweis zu beantragen, kann ihn persönlich erschüttern. Eine empathische Einstellung auf den Patienten erleichtert es, mit sensiblen Themen angemessen umzugehen.

Die Erfassung der Probleme von Menschen mit komplexen Erkrankungen erfordert inhaltlich einen mehrdimensionalen Zugang. Relevant sind die von der Erkrankung ausgehenden Folgen für die körperliche und seelische Belastbarkeit, die beispielsweise durch chronische Schmerzen erheblich beeinträchtigt sein kann. Bei Erkrankungen, die mit bleibenden Einschränkungen verbunden sind, können die Fragen einer angemessenen Wohnraumversorgung im Mittelpunkt stehen. Es können Umbaumaßnahmen oder auch ein Umzug in eine andere Wohnung, möglicherweise auch eine betreute Wohnform, notwendig sein. Ferner sind die lebenspraktischen Konsequenzen einer Erkrankung ausschlaggebend, beispielsweise in Bezug auf die Fähigkeiten zur Haushaltsführung, zur Körperpflege oder zur Organisation des eigenen Alltags. Im weiteren Verlauf werden die mit der Krankheit verbundenen sozialen Probleme wie Einsamkeit oder Ausgrenzung thematisiert, die sich negativ auf den Krankheitsverlauf auswirken können. In der Sozialen Beratung geht es auch um die wirtschaftlichen und beruflichen Probleme, die mit einer Erkrankung verbunden sind. Nicht zu vernachlässigen sind die individuellen Perspektiven, wie die Lebenspläne und Lebensinhalte des Patienten, die für seinen Umgang mit der Krankheit bedeutsam sind.

In der Problemerfassung, die nur gemeinsam mit dem Ratsuchenden gelingen kann (wie alle anderen Phasen der Beratung auch) werden sowohl die Ressourcen als auch die Probleme und Defizite berücksichtigt. Jede einseitige Orientierung wird dem Ratsuchenden nicht gerecht. Methodisch kommt es darauf an, den Ratsuchenden angemessen zu befragen und mit seinen Antworten reflektiert umzugehen. Im Beratungsgespräch sollten offene, direkte, reflektierende, bilanzierende und biografische Fragen dem Problem angemessen kombiniert werden.

Um das Verständnis der Mitteilungen des Patienten zu überprüfen, ist die Paraphrase geeignet. Durch die präzisierende Wiederholung des Gehörten überprüfen wir unser Verständnis und geben dem Ratsuchenden Gelegenheit, uns zu korrigieren. Die Paraphrase verlangt vom Berater begründete Fokussierungen und eine Zusammenfassung von Gesprächssequenzen bzw. einer Beratungsstunde. Schon diese Form der Kommunikation hat für einen Teil der Ratsuchenden eine klärende Wirkung, weil sie erstmals eine gewisse Ordnung in ihre Überlegungen und Gedanken bringt. In dieser frühen Phase des Beratungsgesprächs bieten sich rückmeldende, akzentuierende, reflektierende und den Blickwinkel verändernde Kommunikationsformen an. Das Ziel der Problemerfassung besteht darin, mit dem Ratsuchenden die weitere Beratung vorzubereiten, sich auf Themen zu verständigen, die für die Problemlösung ausschlaggebend sind. Es geht nicht darum, wer möglicherweise in der Auseinandersetzung um das Problemverständnis Recht hat, sondern was sich in der Lebenspraxis des Ratsuchenden bewährt.

Verabredungen über das weitere Vorgehen entsprechen einer Hilfeplanung in der Sozialen Beratung. Gemeinsam werden kurz-, mittel- und langfristige Ziele abgestimmt, die mit dem Lebenskontext des Ratsuchenden vereinbar sind. Die Hilfeplanung in dieser Form strukturiert das weitere Vorgehen und vermittelt dem Ratsuchenden die Botschaft, dass seine Schwierigkeiten wenigstens teilweise gelöst werden können (Kuntz 1999, 399f). In der Sozialen Beratung kreisen die möglichen Interventionen um Maßnahmen zur Sicherung der Existenzgrundlagen und der Versorgung sowie um die Förderung der persönlichen Fähigkeiten, mit den krankheitsbedingten Folgen konstruktiv umzugehen. Diese beiden Ebenen prägen den Hilfeplan und das weitere methodische Vorgehen in der Beratung.

5.1.5 Sicherung der Existenzgrundlagen und der Versorgung

In der Sozialen Beratung geht es im Kontext der Sicherung der Existenzgrundlagen und der Versorgung um die patientenbezogene Handhabung des sozialen Sicherungssystems, wobei den Regelungen zum Gesundheitswesen eine besondere Bedeutung zukommt. Nach §14 SGB I hat jeder Bürger ein Recht auf Beratung über seine Rechte und Pflichten nach dem Sozialgesetzbuch. In der Beratung erhalten die Bürger die Hinweise und Informationen, die für ein autonomes Leben erforderlich sind (Barabas 2003).

Wie breit gestreut die Themen in diesem Bereich sind, zeigt die Soziale Beratung eines herzkranken Patienten. Besprochen werden mit dem Patienten u. a. die mögliche Anerkennung als Schwerbehinderter, seine häusliche Versorgung, seine Möglichkeiten der beruflichen und sozialen Teilhabe und die Vorteile einer Selbsthilfegruppe (Waller 2002). In Bezug auf das soziale Sicherungssystem sind u. a. die Bereiche der Einkommenssicherung wie Krankengeld und ergänzende Sozialhilfe, die Finanzierung einer Anschlussheilbehandlung, eine möglicherweise infrage kommende Rente wegen Erwerbsminderung und die Regelungen zur häuslichen Krankenpflege tangiert. Die angesprochenen Themen dominieren den Alltag des Sozialdiensts im Krankenhaus. In einer empirischen Untersuchung stellen Hüpper und Slesina (2000, 399) fest, dass in der Beratung die finanziellen, rechtlichen und persönlichen Folgen einer Erkrankung und die Organisation ambulanter Maßnahmen zur Sicherung der häuslichen Versorgung im Mittelpunkt stehen.

In der Sozialen Beratung setzen wir uns permanent mit den Veränderungen der Sozialgesetzgebung auseinander. Gerade im Bereich der Beratung von Patienten sind die Reformen der Krankenversicherung unmittelbar für die Organisation von Hilfen relevant. Wenn beispielsweise Anfang 2004 die Leistungen für ambulante Fahrten gekürzt werden, hat dies direkte Auswirkungen auf die Entlassungsplanung. Eine Entlassung kann unter Umständen nur dann vorzeitig realisiert werden, wenn die ambulante Weiterbehandlung sichergestellt ist. Fehlen die Mittel für Fahrten zur Behandlung, verlängert sich der Krankenhausaufenthalt.

Allgemein formuliert, geht es bei den Hilfen zur Sicherung der Existenzgrundlagen und der Versorgung um die Erschließung von Sozialleistungen und die Organisation von Diensten und Einrichtungen, wobei hier eine besondere Nähe zum Case-Management vorliegt (s. u.). Patienten verfügen in der Regel nur über lückenhafte Kenntnisse des sozialen Sicherungssystems. In ihrer besonderen Krankheitssituation können sich viele nicht verwaltungskonform verhalten. Sie und ihre Angehörigen sind auf die Soziale Beratung angewiesen. Um Ermessensspielräume im Sozialrecht auszuschöpfen, werden Gutachten und Sozialberichte erstellt, die eine einzelfallbezogene Anwendung des Sicherungssystems erst ermöglichen.

In der Sozialen Beratung vermitteln wir zwischen den Patienten und der Verwaltung. Aus den komplexen sozialen Sachverhalten werden die Aspekte herausgefiltert, die für eine Verwaltungsentscheidung maßgeblich sind (Klie et al. 1999). Erst wenn die Lebensgrundlagen gesichert sind, können sich Patienten auf weitergehende Hilfen einlassen. Eine allein erziehende Mutter wird kaum einer längerfristigen stationären Rehabilitation zustimmen, wenn die Versorgung ihrer Kinder nicht adäquat sichergestellt ist. Ein Familienvater, der sich um das materielle Auskommen seiner Angehörigen sorgt, kann sich erst dann auf eine aufwändige Behandlung einstellen, wenn seine Befürchtungen in Bezug auf seine Familie durch finanzielle Hilfen gelindert werden. Ein pflegebedürftiger Mensch hat Angst vor der Entlassung aus dem Krankenhaus, die sich erst dann verringert, wenn er sicher sein kann, dass die häusliche Versorgung im erforderlichen Umgang geregelt ist.

Diese wenigen Beispiele unterstreichen den Entlastungseffekt, der mit den Maßnahmen zur Sicherung der Existenzgrundlagen und der Versorgung verbunden ist. Diese Vorgehensweisen reichen aber nicht in allen Fällen aus, um Patienten angemessen zu unterstützen. Teilweise sind darüber hinausgehende persönliche Hilfen erforderlich, die Patienten besser befähigen, mit ihrer Erkrankung konstruktiv umzugehen.

5.1.6 Persönliche Unterstützung

In der persönlichen Unterstützung von Patienten im Krankenhaus geht es um die Bewältigung der Krankheit. Schwierigkeiten bereiten vor allem chronische Erkrankungen, bei denen eine Heilung nicht möglich ist. Besondere Belastungen resultieren u. a. aus dem teilweise unberechenbaren Verlauf, wie bei Multipler Sklerose, und den Einschränkungen in der Lebensqualität, die durch Operationsfolgen oder die Nebenwirkungen von Dauermedikamenten ausgelöst werden. In der Beratung wird der Patient unterstützt, sich realitätsgerecht mit seiner Erkrankung auseinander zu setzen. Hierzu gehört es, die möglichen finanziellen und beruflichen Folgen, die familiären Auswirkungen, die sozialen Reaktionen und den Verlust von Lebensoptionen, mögliche Mobilitätseinbußen und Pflegebedürftigkeit oder ein zeitlich vereinnahmendes Behandlungsregiment zu verarbeiten (Rauchfleisch 2001).

Bei den Hilfen zur Krankheitsbewältigung kommt es darauf an, die emotionalen, kognitiven und handlungsbezogenen Reaktionen der Patienten so zu beeinflussen, dass neue Handlungsmöglichkeiten entstehen und nicht Resignation und Abwehr den Umgang mit der Krankheit bestimmen (Gerdes/Weis 2000, 57). Zur besseren Krankheitsbewältigung tragen vor allem genaue Informationen über die Krankheit und die möglichen Folgen für das Alltagsleben bei. Sie ermöglichen eigenständige Behandlungsentscheidungen und eine Ausrichtung des Verhaltens auf die krankheitsbedingten Anforderungen. Die Krankheitsbewältigung wird auch durch die Stärkung der Interaktionskompetenz des Patienten für den Umgang mit seinen Angehörigen und den Professionellen des Hilfesystems unterstützt.

Schließlich spielt eine Rolle, welche Handlungsmöglichkeiten der Patient hat, um den Verlauf seiner Erkrankung günstig zu beeinflussen, etwa durch die Veränderung von Ernährungs- und Freizeitgewohnheiten bei Herzerkrankungen (Hurrelmann 2000). Mit diesen Maßnahmen wird das Kohärenzgefühl gestärkt, das in der Salutogenese von Bedeutung ist. Danach gelingt eine konstruktive Verarbeitung der Krankheit dann am besten, wenn die Betroffenen ihre Krankheit möglichst umfassend verstehen und die Krankheit als eine beeinflussbare Belastung wahrnehmen (Antonovsky 1997). Bei der Weitergabe von Informationen über die Krankheit sollten wir darauf achten, den Verstehenshorizont des Patienten zu würdigen, der von seinem Bildungsniveau, seinen Lebenserfahrungen und seiner aktuellen Situation geprägt wird.

Persönlich befähigende Interventionen in der Sozialen Beratung von kranken Menschen haben einen edukativen Charakter. Sie sind dann indiziert, wenn persönliche Beeinträchtigungen, wie eine resignative Grundhaltung oder Wissenslücken, die Bewältigung alltäglicher Aufgaben erschweren oder blockieren. Angesprochen sind damit so genannte Daseinskompetenzen, die die Lebensführung betreffen. Gemeint sind damit die Fähigkeiten, sich mit den gegebenen Lebensverhältnissen in Bezug auf die Realisierung individueller Lebenspläne zu arrangieren (Krappmann 2002, 34f).

In der Sozialen Arbeit werden die angesprochenen Zusammenhänge unter dem Stichwort der Lebensbewältigung erörtert. Soziale Probleme teilen sich nach dieser Lesart vermehrt in biografischen Krisen mit, die das Selbstwertgefühl und die soziale Orientierung tangieren (Böhnisch/Schröer 2001). Die Vermittlung persönlicher Daseinskompetenzen ist Gegenstand der Beratungskommunikation. Der Berater setzt sich kritisch mit den Plänen, Sichtweisen, Wünschen und Problemdeutungen des Ratsuchenden auseinander, er gibt ergänzende oder korrigierende Hinweise und vermittelt neue Einsichten. Durch die gemeinsame Reflexion erhalten Erfahrungen möglicherweise eine andere Bedeutung, werden Zusammenhänge zwischen unterschiedlichen Ereignissen deutlich,

Abwehrhaltungen aufgedeckt und ungenutzte Möglichkeiten eröffnet (Sickendiek et al. 1999). Der Berater gibt Rückmeldungen, bietet Interpretationen an und fordert den Ratsuchenden auch heraus.

Im Umgang mit kranken Menschen ist ein behutsames Vorgehen notwendig. So können Informationen über die Krankheit kontraproduktive Wirkungen entfalten. Teilweise hören Patienten selektiv zu, sie entwickeln Ängste und Unsicherheiten, wenn sie beispielsweise in einem Beratungsgespräch über die möglichen Folgen einer schweren Krebserkrankung erfahren, dass sie auch an die Vorsorge für den Todesfall denken sollten. Häufig muss in der Beratung eine Gratwanderung zwischen dem, was Patienten wissen müssen, und dem, was sie in ihrer jeweiligen Verfassung bewältigen können, zurückgelegt werden.

Befähigende Hilfen sind geeignet, Patienten ihre Mitbehandlungsmöglichkeiten aufzuzeigen. Sie können teilweise den Krankheitsverlauf und die Behandlungsaussichten durch eine Änderung ihres Lebenswandels beeinflussen. Verhaltensänderungen lassen sich vor allem dann erreichen, wenn sie mit lohnenden Perspektiven für die Patienten verbunden sind. Solange aber ein möglicher sekundärer Krankheitsgewinn schwerer wiegt als Behandlungsfortschritte, kann die Beratung in diesem Punkt nicht erfolgreich sein. Es wäre allerdings verfehlt, in der Beratung massiv gegen Abwehrhaltungen vorzugehen. Patienten haben ein Recht, ihre Krankheit, die sie gegenwärtig nicht anders ertragen können, zu verdrängen und die Krankheitseinsicht abzuwehren. Erst wenn daraus ein Zustand wird, der mit destruktiven Konsequenzen verbunden ist, sollten wir deutlicher intervenieren. Im Vordergrund steht der Glaube an die Wirkung von Wissen und Einsicht, die zu Verhaltensänderungen beitragen.

In der Sozialen Beratung im Krankenhaus können häufig nicht alle Aspekte behandelt werden, die mit einer Problemlage verbunden sind. Das Setting ist längst nicht immer für vertrauliche Gespräche geeignet. Wenn wir beispielsweise immobile Patienten am Bett beraten, während andere Patienten anwesend sind, können wir nicht erwarten, dass sich Patienten darauf einlassen, persönliche Probleme zu erörtern. Die Krankenhausroutine setzt uns in der Beratung zeitliche Grenzen, innerhalb derer es häufig nur gelingt, vordringliche Versorgungsfragen zu bearbeiten. Wir sollten dennoch die damit verbundenen entlastenden Effekte für Patienten nicht unterschätzen.

Die Soziale Beratung ist ein nützlicher Bestandteil der Krankenhausbehandlung in Zeiten, in denen die kurative Medizin insbesondere bei chronisch Kranken an ihre Grenzen stößt. Das Zusammenspiel von ärztlichen, pflegerischen und sozialen Maßnahmen ist bei komplexen Erkrankungen unverzichtbar. „Eine hoch entwickelte interprofessionelle Kooperation erweist sich heute als Qualitätsvoraussetzung der medizinischen Versorgung. Nur ein effektives Zusammenwirken von ärztlichen Leistungen, nichtärztlichen Heilberufen, Pflegediensten und sozialer Betreuung des Patienten kann bei der Versorgung chronisch und Langzeiterkrankter sowie in der psychiatrischen Versorgung als angemessene Krankenbehandlung angesehen werden" (Francke 1999, 259).

5.2 Case-Management im Krankenhaus

5.2.1 Strukturmerkmale des Case-Managements

Case-Management, von Wendt (2001) auch mit Unterstützungsmanagement übersetzt, ist allgemein in komplexen Problemlagen indiziert. In Fällen wie Wohnungslosigkeit, chronischen Erkrankungen oder mehrfach belasteten Familien sind unterschiedliche Hilfen gefragt, die koordiniert werden müssen. Die organisatorischen Tätigkeiten im Case-Management gehen über die klassische Einzelhilfe hinaus, die noch stark auf die Beziehungsarbeit gesetzt hat (Meinhold 2002, 516). Das innovative Potenzial des Case-Managements liegt in der Weiterführung der beziehungsgeprägten Arbeitsansätze der Sozialen Arbeit.

Mit *Case* oder Fall ist ein abgrenzbarer Sachverhalt gemeint, der mit einer umgrenzten Hilfebedürftigkeit verbunden ist. Management, in der Begriffskombination mit Case-Management, umfasst den Prozess der Zielsetzung, der systematischen Klärung von Sachverhalten, der Planung und gezielten Umsetzung von Handlungsschritten und der Kontrolle der durchgeführten Maßnahmen (Wendt 2001). Mit dieser begrifflichen Annäherung lassen sich die Tätigkeiten des Case-Managers allgemein umschreiben. Anschaulich werden diese Handlungsschritte aber erst, wenn sie auf bestimmte Arbeitsfelder, wie die Soziale Arbeit im Krankenhaus, bezogen werden. Bis zu diesem Schritt sind noch einige vorbereitende Überlegungen notwendig.

Zu den Charakteristika des Case-Managements zählt die Ausrichtung an individuellen Fällen oder Problemlagen, die aus verschiedenen Perspektiven analysiert werden, um den Hilfebedarf angemessen zu erheben. Bei der Abwägung geeigneter Hilfen werden die sonst üblichen Grenzen der Organisationen und Professionen überschritten, die immer das Risiko bergen, Probleme nur in den Ausschnitten wahrzunehmen, für die man unmittelbar zuständig ist. Alle Akteure, die Klienten wie die Mitarbeiter unterschiedlicher Dienste und Einrichtungen, verabreden ein gemeinsames Ziel, das in einem kooperativen Prozess auf der Grundlage einer Versorgungsplanung, der systematischen Implementierung einzelner Maßnahmen und einer gezielten Auswertung realisiert wird (Ewers/Schaeffer 2000b). Während die Beratung auf unmittelbare Hilfe im Umgang mit Ratsuchenden setzt, dominiert im Case-Management die Frage, welche Institutionen direkte Hilfe leisten und wie Klienten der Zugang zu diesen Einrichtungen verschafft werden kann.

Zu den Praxisgrundsätzen im Case-Management zählt Wendt (2001) die Orientierung an der Lebenslage des Klienten in seinen Umweltbezügen. Es kommt darauf an, professionelle Hilfen mit den persönlichen Potenzialen und den Umweltressourcen des Klienten zu verbinden, denn erst so lassen sich die individuellen Bewältigungsmöglichkeiten nutzen und Hilfeprozesse optimieren. Diese anspruchsvollen Aufgaben kann der Case-Manager nur erledigen, wenn er die Fähigkeit besitzt, Menschen und Organisationen zu gemeinsamen Schritten zu veranlassen, Probleme in Bezug auf formelle und informelle Ressourcen zu analysieren, und wenn er über einen Entscheidungsspielraum verfügt, der ein autonomes Handeln ermöglicht.

Diese Kennzeichen unterstreichen den rationalen Charakter des Case-Managements. Die einzelnen Schritte folgen einer inneren Logik, die für das methodische Handeln der Sozialen Arbeit insgesamt gültig ist. Galuske stellt zu Recht die Frage, ob es sich beim Case-Management um einen wirklich neuen Ansatz handelt, denn die genannten Vorgehensweisen sind auch aus der Einzelfallhilfe und der Gemeinwesenarbeit bekannt (Galuske 1998). Darauf könnte man antworten: Auch wenn mit dem Case-Management das Rad nicht neu erfunden worden ist, liefert der Ansatz eine Systematik, die in vergleichbar differenzierter Form in der Sozialen Arbeit bisher nicht entwickelt worden ist.

Das Case-Management sollte nicht an seinen originären Beiträgen zur Methodenentwicklung in der Sozialen Arbeit gemessen werden. Mit diesem Anspruch tritt es in der Fachliteratur nicht auf. Mit dem Case-Management liegt eine erweiterte Einzelfallhilfe vor, in der unterschiedliche Ressourcen einschließlich der sozialräumlichen Netze gezielt aufgegriffen werden. „Case-Management will als soziale Unterstützungsarbeit für Menschen mit vielschichtigen Problemen sowohl Ressourcen der KlientInnen als auch der Umwelt aktivieren und zur Problembewältigung nutzbar machen“ (Remmel-Faßbender 2003, 65). Die angesprochene integrative Funktion des Case-Managements ist für die Methodenentwicklung der Sozialen Arbeit bedeutsam. Das teilweise unverbundene Nebeneinander von Handlungsansätzen führt zu einer Parzellierung des Hilfeprozesses, die in der Regel zulasten der Menschen geht, die auf unterschiedliche Hilfen angewiesen sind.

5.2.2 Herkunft und aktuelle Bedeutung des Case-Managements

Für ein vertieftes Verständnis des Case-Managements sind Informationen über seine Herkunft ergiebig. In der Forschung werden zwei Stränge der Sozialen Arbeit erwähnt, aus denen das Case-Management hervorgegangen ist. Zum einen handelt es sich um die *Settlements* und die *Charity Organizations*, die in der zweiten Hälfte des 19. Jahrhunderts in Nordamerika entstanden sind. Ehrenamtliche Mitarbeiter dieser Einrichtungen bemühten sich für Menschen in prekären Lebenslagen um Hilfen in ihrem Lebensraum. Das Case-Management greift auch auf die frühen Entwürfe der Sozialen Einzelhilfe zurück, die mit Mary Richmond in den ersten Jahrzehnten des 20. Jahrhunderts ihren Höhepunkt erreichten. In diesem Ansatz stand eine systematische Fallerfassung und Hilfeplanung im Mittelpunkt der sozialarbeiterischen Bemühungen (Raiff/Shore 1997). Moderne Case-Management-Entwürfe wurden zunächst seit den 70er-Jahren des letzten Jahrhunderts in den USA entwickelt und nach einer zögerlichen Rezeption dominieren sie heute auch die deutsche Diskussion im Sozial- und Gesundheitswesen.

Hintergrund für die Verbreitung des Case-Managements in den USA sind Entwicklungen im Sozial- und Gesundheitswesen, die Reformen in der Versorgung von Menschen mit mehrschichtigen Schwierigkeiten erforderten. Erwähnt wird in diesem Zusammenhang vor allem die Enthospitalisierung von psychisch Kranken, die gemeindenah versorgt werden sollten, um ihnen ein möglichst unabhängiges Leben zu ermöglichen. Hierfür wurden soziale Dienste aufgebaut, die nun fallbezogen eingesetzt werden mussten. In diesem Prozess entstanden viele lokale soziale Dienste, die teilweise unkoordiniert nebeneinander arbeiteten. Belastete Menschen waren damit überfordert, die benötigten Dienste selbstständig zu organisieren. Ein Problem neben der Unübersichtlichkeit der Angebote bestand in den unterschiedlichen Zugangswegen, die eine gezielte Problemdefinition erfordert. Nicht zuletzt wurde es auch notwendig, fehlende private soziale Netze durch professionelle Angebote zu kompensieren und gleichzeitig die explodierenden Kosten des

Sozial- und Gesundheitswesens in den Griff zu bekommen (Klug 2003, 39f).

Mit dem Case-Management verbindet sich international die Hoffnung, dass die Versorgungs- und Steuerungsprobleme in den verzweigten und unübersichtlichen Sozial- und Gesundheitssystemen bewältigt werden können (Ewers 2000a, 30). Von einer Überwindung des Ressortdenkens und der Konkurrenz zwischen unterschiedlichen Anbietern, die zu Mehrfachbetreuungen- und Behandlungen führen, würden sowohl die Nutzer als auch die Leistungsträger profitieren. Dieser doppelte Effekt erklärt die rasante Karriere des Case-Managements auch in der deutschen Versorgungslandschaft. Bei der zuweilen beobachtbaren Begeisterung für *manageriale* Prozesse in der Sozialen Arbeit sollte nicht vergessen werden, dass nicht jeder Klient auf dieses Programm angewiesen ist. „Wenn Menschen einzelne Hilfen brauchen, eine materielle Unterstützung, einen Rat, ein klärendes Gespräch oder akut eine ärztliche Behandlung, ist weiter kein Management erforderlich“ (Wendt 2001)

Die sachgemäße Anwendung des Case-Managements im Krankenhaus setzt eine genaue Indikation voraus. Soziale Beratung und Case-Management müssen je nach Einzelfall vom Sozialdienst angeboten werden. Case-Management ist in komplexen Problemlagen gefordert, um die notwendigen Mittel rational und kostenbewusst einzusetzen und die Zusammenarbeit unterschiedlicher Professionen und Einrichtungen zu koordinieren. Der entscheidende Vorteil dieses Ansatzes liegt darin, dass verschiedene Interventionen auf die Situation des Patienten abgestimmt und die Behandelnden ohne Reibungsverluste in ihrer Zusammenarbeit unterstützt werden (Wendt 2001, 134).

Im Rahmen der begrifflich-inhaltlichen Klärung des Case-Managements sind Abgrenzungen zu benachbarten Konzepten nötig, die teilweise durch ihre sprachliche Nähe Übereinstimmungen suggerieren, die nicht vorhanden sind. Zunächst gilt es, Case-Management von *Sozialmanagement* zu unterscheiden. Gegenstand des Sozialmanagements ist die effiziente und effektive Organisation in sozialen Diensten und Einrichtungen. Im Case-Management steht dagegen der Klient mit seinen vielschichtigen Schwierigkeiten im Mittelpunkt, für den effiziente und effektive Hilfen erforderlich sind (Galuske 1998).

Nicht ganz so einfach fällt die Abgrenzung zum *Managed-Care*, das seit den 90er-Jahren des letzten Jahrhunderts verbreitet eingesetzt wird. Beim Managed-Care steht die Versorgung mit gesundheitlichen Diensten und Einrichtungen im Sozialraum im Vordergrund. Es geht um die

Organisation von Versorgungsleistungen in Abstimmung mit den Anforderungen der Versicherungen, die auf Kostenbegrenzung ausgerichtet sind. Auf der Grundlage vorgegebener Budgets soll die erforderliche Hilfe möglichst kostengünstig organisiert werden (Wendt 2001). Managed-Care steht für finanzielle und strukturelle Regelungen zwischen Nutzern, Anbietern und Versicherern, deren Partialinteressen in eine Balance gebracht werden sollen (Ewers 2000a, 38). Case-Management dagegen geht von einzelnen Patienten aus, die persönlich mit dem Hilfesystem verwoben werden. Das Ziel besteht in der möglichst umfassenden, kontinuierlichen und integrierten Versorgung von Patienten (Ewers 2000a, 46).

Noch eine letzte Abgrenzung ist nötig, um Missverständnisse zu vermeiden. Case-Management darf nicht mit *Disease-Management* verwechselt werden. Beim Disease-Management handelt es sich um einen medizinischen Steuerungsansatz, der die Verteilung medizinischer Ressourcen über den gesamten Verlauf einer schweren Erkrankung regelt. Disease-Management-Programme liegen mittlerweile für Krankheiten wie Diabetes, Asthma, Bluthochdruck und Brustkrebs vor. Disease-Management für chronisch Kranke strebt eine qualitativ hochwertige Versorgung an. Beteiligt sind Patienten, Krankenkassen und behandelnde Ärzte, die auf der Grundlage spezieller Vereinbarungen eine Über-, Unter- oder Fehlversorgung vermeiden wollen.

Disease-Management dient sowohl den Kosteninteressen der Krankenkassen als auch den Versorgungsinteressen der chronisch Kranken. Leistungsträger präferieren diesen Ansatz, um die Versorgung zu optimieren und die davonlaufenden Kosten ohne Qualitätsabstriche zu begrenzen (Porz 2003, 1f). Nach diesen orientierenden Hinweisen geht es in der weiteren Erörterung um die Frage, warum Case-Management für die Soziale Arbeit im Krankenhaus überhaupt gebraucht wird.

5.2.3 Grundlagen des Case-Managements im Krankenhaus

Die Soziale Arbeit im Krankenhaus ist angesichts der Veränderungen in den Versorgungsstrukturen, der Dominanz chronischer Erkrankungen im Gesundheitswesen und der aktuellen Herausforderungen im Krankenhauswesen auf Elemente des Case-Managements angewiesen. Die Soziale Beratung reicht nicht in allen Fällen aus, um den neuen Aufgaben gerecht werden zu können.

Seit etwa 1978 werden Krankenhausbetten systematisch abgebaut.

Auch die aktuelle Umstellung auf ein pauschaliertes Entgeltsystem im Krankenhaus (DRG) wird zu weiteren Bettenreduzierungen führen. Ebenso wird die derzeitige Neuerung im Hinblick auf ein pauschaliertes Entgeltsystem im Krankenhaus (DRG) weitere Bettenreduzierungen nach sich ziehen. Parallel zu dieser Entwicklung wurden ambulante Dienste und Behandlungsangebote wie Sozialstationen, ambulante Pflegedienste, Tageskliniken und ambulante Rehabilitationseinrichtungen aufgebaut. Die Verkürzung der Liegezeiten im Krankenhaus erfordert eine sorgfältige Planung der Nachsorge, in der begonnene Behandlungen fortgesetzt werden.

Die Entlassungsvorbereitung fällt in das typische Aufgabengebiet des Sozialdienstes im Krankenhaus, der auf eine enge Zusammenarbeit mit den Nachsorgeeinrichtungen angewiesen ist (Reinicke 2003a, 46f). Das Aufgabenspektrum des Sozialdienstes hat sich damit deutlich verändert. Standen früher wirtschaftliche und unmittelbare persönliche und soziale Hilfen im Mittelpunkt, geht es heute vermehrt um vielschichtige Organisationsaufgaben im Zusammenhang mit der Entlassung von Patienten, für die das Case-Management eine gute methodische Grundlage darstellt.

Die Anforderungen an den Sozialdienst haben sich auch durch Veränderungen im Krankheitspanorama erhöht. Umfassende nachgehende Hilfen sind vor allem für chronisch kranke Menschen erforderlich, um ihre Lebensqualität zu verbessern und unnötige Krankenhausbehandlungen zu vermeiden. Bei den heute vorherrschenden chronischen Erkrankungen wie Herz-Kreislauf-Erkrankungen, bösartige Neubildungen, Krankheiten des Stütz- und Bewegungssystems und psychische Störungen sind kurative Maßnahmen nur begrenzt erfolgreich. Die Patienten müssen sich mit bleibenden Beeinträchtigungen in ihren alltäglichen und beruflichen Bezügen arrangieren, soziale Probleme wie den Verlust von Rollen und Einsamkeit bewältigen, wirtschaftliche Belastungen durch Einkommensausfall und erhöhte Aufwendungen im Alltag verkraften und sich mit einer ungewissen Zukunft auseinander setzen. Hierbei können Fehlhaltungen wie die sinnlose Bekämpfung der Krankheit oder die Flucht in einen sekundären Krankheitsgewinn auftreten (Waller 2002). Deutlich wird damit, dass neben der medizinischen Behandlung auch eine soziale Betreuung erforderlich ist, die bereits im Krankenhaus beginnt.

In der Versorgung der Betroffenen müssen die pflegerischen, medizinischen, sozialen und finanziellen Fragen gleichrangig berücksichtigt werden. Die zuständigen Einrichtungen und Fachkräfte folgen ihrer je eigenen Handlungslogik, mit der Patienten konfrontiert werden. Kompliziert wird die Lage, wenn die Relevanzkriterien des Patienten mit den Maßstäben der Versorgungseinrichtungen konfligieren (Schaeffer/Moers 2000, 451f). Die moderierende und koordinierende Bedeutung der Sozialen Arbeit im Krankenhaus wird in der folgenden Problemanalyse besonders deutlich: „Vielfach orientieren sich die Arbeitsabläufe in den unterschiedlichen Versorgungsbereichen eher an organisatorischen Sachzwängen als an den Patienten und ihren Alltagsroutinen. Auch bleiben vorhandene Ressourcen und präventive Potenziale auf Seiten der Patienten und ihres sozialen Umfeldes all zu oft ungenutzt. Schließlich prägen überholte, primär sozialrechtlich motivierte Unterscheidungen zwischen einer vorwiegend kurativ ausgerichteten medizinischen Behandlung (‚cure') sowie einer rehabilitativ-pflegerischen Betreuung (‚care') einerseits und zwischen sozialen und gesundheitlichen Hilfeangeboten andererseits den Versorgungsalltag. Insbesondere bei der bereits mehrfach erwähnten Gruppe der chronisch Kranken und Multimorbiden, aber auch bei Patienten, bei denen es zu einer Kumulation sozialer und gesundheitlicher Problemlagen kommt, wirken sich diese Phänomene negativ aus" (Ewers/Schaeffer 2000, 10).

In den Krankenhäusern der Regelversorgung wird noch immer die Akutmedizin überbetont, während die so genannte Chronikermedizin und Geriatrie vernachlässigt werden, und das bei einer Belegung mit Patienten, die mehrheitlich über 65 Jahre alt sind. Für diese zahlenmäßig stärkste Patientengruppe sind neben den naturwissenschaftlich-medizinischen Maßnahmen soziale und psychische Hilfen für eine erfolgreiche Behandlung erforderlich. Krankenhäuser sind heute teilweise auch die Ausfallbürgen für ein unzureichendes Versorgungsangebot im ambulanten Bereich. Fehlende pflegerische und soziale Angebote im Lebensraum der Patienten und Lücken in der medizinischen Nachsorge bedingen vermeidbare Krankenhausaufnahmen (Baecker et al. 2000).

Um unnötig lange Liegezeiten zu verringern und Fehlbelegungen abzubauen, ist ein starker Sozialdienst gefragt, der mit den Mitteln des Case-Managements eine engere Verzahnung der Krankenhausbehandlung mit dem ambulanten Sektor realisiert. Das Krankenhaus wird seiner zentralen Stellung in der gesundheitlichen Versorgung nur mit einem ausreichend ausgestatteten Sozialdienst gerecht werden können. Die demographische Entwicklung und die Morbiditätsstruktur in der Bevölkerung verlangen neue Akzente in einer humanen Patientenversorgung, die mehr als Hochleistungsmedizin umfasst. Im Akutkrankenhaus werden häufig die Weichen für die weitere Versorgung gestellt. Die frühzeitige Einleitung von medizinischen, beruflichen und sozialen Rehabilitationsmaßnahmen bei schweren Erkrankungen entscheiden über die verbleibenden Lebenschancen der Patienten (Wissert 2003, 192f).

5.2.4 Konturen des Case-Managements im Krankenhaus

Es liegen sehr verschiedene Varianten des Case-Managements vor, in denen je nach Herkunft und Arbeitsfeld soziale, pflegerische oder administrative Aspekte im Mittelpunkt stehen. Für die Soziale Arbeit im Krankenhaus ist ein medizinisch-soziales Case-Management relevant, dessen Konturen genauer dargestellt werden. Hierbei gilt, die oben beschriebenen allgemeinen Handlungsansätze im Case-Management nicht neu zu entwickeln, sondern lediglich auf das Krankenhaus zu übertragen.

Die Stellung der Sozialen Arbeit im Krankenhaus als der zahlenmäßig kleinsten Berufsgruppe mit sehr begrenzten Entscheidungsbefugnissen in Bezug auf die Arbeitsabläufe im Krankenhaus macht es unmöglich, das Potenzial des Case-Managements voll zu entfalten. Case-Management im Krankenhaus bezieht sich im Idealfall auf die Versorgung einzelner Patienten von der Aufnahme bis zur Entlassung aus dem Krankenhaus, wobei alle Beteiligten mitwirken müssten, um die Qualität einer kostengünstigen Behandlung sicherzustellen (Wendt 2001). Würde der Sozialdienst diese verantwortungsvolle Aufgabe übernehmen, müsste er mit Entscheidungsbefugnissen ausgestattet werden, die eine grundlegende Reform der Krankenhausorganisation erfordert. Welcher Chefarzt, welche Stationsleitung oder welche kaufmännische Leitung würde sich aber von Sozialarbeitern in ihren Bereich „hineinreden" lassen?

In einer Studie von Schwaiberger über Case-Management im Krankenhaus ist von der Sozialen Arbeit an keiner Stelle die Rede. Die Verbesserung der Auf- und Ablauforganisation und der Qualität wird den pflegerischen und ärztlichen Berufen zugeschrieben. Schwaiberger (2002) behandelt in ihrer Studie Case-Management ausschließlich in Bezug auf die Koordinierung der Patientenversorgung im Krankenhaus. Case-Management wird in diesem Zuschnitt um wesentliche Aspekte verkürzt. Insbesondere die Vernetzung mit den Ressourcen in der Umwelt des Patienten gerät völlig aus dem Blickfeld. Aus der Verengung auf die internen Abläufe im Krankenhaus erklärt sich die Schlussfolgerung, dass ausschließlich Ärzte und entsprechend qualifizierte Pflegekräfte aus fachlichen und rechtlichen Gründen für Case-Management-Prozesse infrage kommen (Schwaiberger 2002, 63).

Case-Management geht in den Händen der Sozialen Arbeit einen anderen Weg. Die Umweltbezüge der Patienten werden explizit in der Erfassung der Probleme und der Entwicklung von Hilfen berücksichtigt. Eine ausschließliche Konzentration auf die internen Abläufe wird den oben beschriebenen Herausforderungen des Krankenhauses auch nicht annähernd gerecht. Bei unseren weiteren Überlegungen zum Case-Management im Krankenhaus dürfen wir allerdings die strukturellen Grenzen nicht vernachlässigen, die die Praxis der Sozialen Arbeit prägen. Über die Anwendung von Case-Management im Krankenhaus heißt es beispielsweise bei Remmel-Faßbender (2003, 75): „Eine Nachfrage oder genauere Überprüfung zeigt z. B. in Krankenhaussozialdiensten, dass damit nur eine Art Lotsenfunktion für weitere Maßnahmen innerhalb und außerhalb der stationären Behandlung gemeint ist. Diese wird zwar systematisch und damit besser gesteuert, endet aber in der Regel beim Verlassen des Krankenhauses nach dem Assessment oder der Serviceplanung. Bei Wiederaufnahme muss der Prozess ggf. zeitraubend neu beginnen. Die Zuständigkeitsbegrenzungen erlauben keine weitere Begleitung der Maßnahmen, keine Kontrolle und Auswertung.“ Auch wenn man nicht alle Schritte des Case-Managements im Detail umsetzen kann, bereichert dieses Konzept das Methodenrepertoire der Sozialen Arbeit im Krankenhaus.

Für die Soziale Arbeit im Krankenhaus ist ein medizinisch-soziales Case-Management besonders geeignet. In diesem Zugang werden medizinische, pflegerische und soziale Dienstleistungen verknüpft, auf die vor allem chronisch Kranke angewiesen sind. Gerade bei dieser Patientengruppe erweist sich die Trennung zwischen stationären und ambulanten Maßnahmen, die unzureichende Zusammenarbeit einzelner Dienstleistungsanbieter und die mangelnde Ausrichtung an den Unterstützungsbedarfen für eine kontinuierliche Versorgung als besonders nachteilig (Porz 2003, 5).

Das medizinisch-soziale Case-Management geht von den formellen und informellen Ressourcen und dem aktuellen Bedarf des Patienten aus. In einem kooperativen Prozess werden Versorgungsmöglichkeiten geplant, ausgewählt, implementiert, koordiniert, überwacht und evaluiert (Fries 2003, 102). Wie vielfältig der Unterstützungsbedarf ist, zeigt ein Beispiel aus der Pädiatrie. Familien mit chronisch kranken Kindern sind auf Informationen und Beratung über wirtschaftliche und soziale Hilfen angewiesen, sie benötigen eine optimale medizinische und rehabilitative Versorgung für das kranke Kind, sie sind von einer pädagogischen Unterstützung abhängig, um die Entwicklung des Kindes zu fördern, und sie müssen emotionale Belastungen bewältigen. Mit geeigneten Maßnahmen gelingt es, die Vulnerabilität der Familie zu reduzieren und damit auch möglichen weiteren gesundheitlichen Beeinträchtigungen des Kindes und seiner Angehörigen vorzubeugen (Thyen 2003, 12f).

Mit der eindeutigen Ausrichtung des Case-Managements an den Bedarfen von Patienten folgt es der so genannten kundenorientierten Variante, die vom systemorientierten Case-Management unterschieden wird. Während im „System-driven Case-Management" die bessere Koordination von Dienstleistungen und damit die Vermeidung von Überschneidungen, die Erschließung kostengünstigerer Alternativen und die Überwachung des Klienten im Mittelpunkt stehen, geht es im „Consumer-driven Case-Management" vorrangig um die Bedürfnisse des Patienten, den Einsatz für seine Interessen und die Stärkung seiner Selbsthilfekräfte (Klug 2003, 45f).

In der Umsetzung des Case-Managements stehen unterschiedliche Funktionen im Vordergrund. In der klientenorientierten Variante spielt die anwaltliche Funktion des Case-Managers („Advocacy") eine entscheidende Rolle. Der Case-Manager tritt für die Interessen eines Klienten bzw. einer Klientengruppe gegenüber Institutionen ein. Diese Funktion ist dann besonders wichtig, wenn Menschen beispielsweise aufgrund einer Erkrankung ihre Interessen vorübergehend oder dauerhaft nicht durchsetzen können. Anwaltschaftliches Eintreten für Klienten setzt beim Case-Manager die Fähigkeit zur Empathie voraus, um auch die nicht ausdrücklich genannten Bedürfnisse des Klienten aufzugreifen. In der Praxis geht es nicht nur um die Erkämpfung der Interessen des Klienten, sondern auch darum, Versorgungslücken zu entdecken und für bessere Dienstleistungen einzutreten. Abhängigkeiten des Klienten vom Case-Manager sollen so weit wie möglich vermieden werden. Deshalb genießt die Idee des Empowerments, nach der die (Wieder-)Bemächtigung des Klienten bei der Regelung seiner Angelegenheiten im Zentrum steht, eine wichtige Rolle.

Eine weitere Funktion liegt in der Vermittlung von Dienstleistungen („Broker"). Anders als die anwaltliche Funktion ist die Vermittlungsfunktion stärker organisations- und institutionsbezogen. In der Vermittlung nimmt der Case-Manager eine neutrale Stellung zwischen den Nutzern und den Anbietern medizinischer und sozialer Dienstleistungen ein. Das Ziel besteht darin, eine optimale Versorgung zu gewährleisten, etwa die Sicherstellung der häuslichen Versorgung und ambulanten Rehabilitation nach einem Schlaganfall. Die selektierende Funktion im Rahmen des Case-Managements („Gate-Keeper") ist mit Kontrollen bei der Beanspruchung sozialer und gesundheitlicher Dienstleistungen verbunden, um eine ungerechtfertigte Nutzung zu verhindern. Sie spielt im klientenorientierten Case-Management im Krankenhaus eine untergeordnete Rolle (ausführlich zu den Funktionen: Ewers 2000b, 63f).

5.2.5 Arbeitsschritte im Case-Management

In einer Übersicht zusammengefasst, reichen die Arbeitschritte des Case-Managements von der Auswahl und dem Erreichen der Klienten über die Verpflichtung zur Hilfe, die Einschätzung des Bedarfs an Diensten, Programmen und Mitteln, die Erarbeitung eines Versorgungs- oder Serviceplans, die Verknüpfung des Klienten mit den im Plan vorgesehenen Diensten und Ressourcen im Gemeinwesen bis zur Durchführung und Koordination der Maßnahmen und die Überwachung und Auswertung. (Raiff/Shore 1997, 16f). Der Ablauf klingt in dieser Diktion technisch und eher unabhängig von der Beziehung zwischen dem Klienten und dem Case-Manager. Dieser Eindruck täuscht.

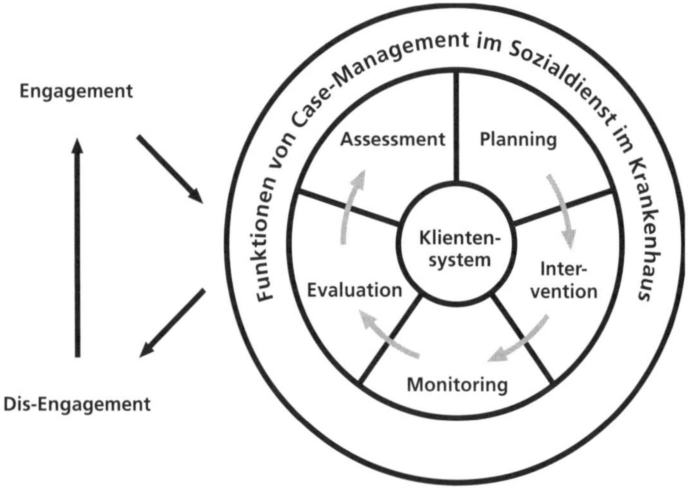

Abb. 4 : Der Hilfsprozess des Case-Managements (DVSK 1999b)

Case-Management ist ein kooperativer Prozess, der nur gelingen kann, wenn die Nutzer mitarbeiten.

„Durchgehende Fallverantwortung erfordert Beziehungsarbeit, um das Vertrauen der KlientInnen zu erreichen, so dass sie vom Beginn bis zum Ende einer Hilfestellung emotional und inhaltlich den Hilfeprozess reflektieren, Eigenkräfte entwickeln (Empowerment) und eine verantwortliche Ansprechperson ohne Hemmschwelle konsultieren können. Insofern erfordert dies vom Case-Manager nicht nur fremde Dienstleistungen anzuregen, zu entwickeln und zu koordinieren, sondern sich dieser ganzheitlichen Aufgabe mit dem eigenen personalen Angebot selbst zu stellen" (Neuffer 2002).

Auf der Grundlage einer personalen Begegnung startet das Case-Management mit dem so genannten *Intake*. Es umfasst die Anmeldung, die Erteilung von Auskünften über die Hilfeform, die Feststellung, ob ein Klient mit seinem Anliegen für das Case-Management infrage kommt und ggf. die Vereinbarung einer Unterstützung (*Engagement*). Methodisch praktiziert der Case-Manager in dieser Phase Erstgepräche, die im Zusammenhang mit der Beratung erläutert wurden (s. o.).

Im zweiten Schritt folgen die Einschätzung der Problemsituation und die Bedarfsklärung (*Assessment*). Das Ziel besteht darin, ein möglichst vollständiges Bild der Situation zu bekommen. Thematisiert werden die alltäglichen Lebensbedingungen, Möglichkeiten und Grenzen der eigenständigen Problembewältigung und der Bedingungsrahmen für auftretende soziale, pflegerische und gesundheitliche Schwierigkeiten. Die Erfassung der Probleme und Potenziale mündet in der Bewertung des Ist-Zustands und der Einschätzung des Hilfebedarfs. Treten im Verlauf der Hilfe neue Krisen auf, wird das Assessment wiederholt (*Reassessment*). Für das Assessment sind eigene Beobachtungen, schriftliche Quellen wie Akten oder Arztberichte und die Mitteilungen der Betroffenen bedeutsam. Berücksichtigt werden die objektiven und subjektiven Problemanteile. Dazu gehören die sozialen und ökonomischen Lebensbedingungen, die Biografie, die Deutungsmuster der Klienten und ihre individuellen Perspektiven. Im Assessment achten wir darauf, dass der Klient mit der Problemeinschätzung konform geht, denn nur dann kann er sich auf die daraus resultierenden Maßnahmen auch innerlich einlassen. Für den Erfolg der Hilfe sind der individuelle Hilfebedarf und die vorhandenen Ressourcen ausschlaggebend.

Ausgehend von vereinbarten Zielen, werden die Mittel und Wege zur Erreichung dieser Intentionen reflektiert. Die Bestrebungen und die einzelnen Maßnahmen müssen mit der persönlichen Lebensführung des

Klienten vereinbar sein. Ziele werden im Durchführungsplan konkret, erreichbar, in angemessenen Schritten und kontextbezogen formuliert. Im prozesshaft zu erstellenden Hilfeplan wird auch die Aufgabenverteilung festgelegt. Bis zu dieser Phase ist das Case-Management im Krankenhaus durchführbar. In den folgenden Abschnitten des Case-Management-Prozesses verfügt die Sozialarbeit im Krankenhaus derzeit nicht über eigene Handlungsmöglichkeiten, da mit der Entlassung des Patienten ihre Zuständigkeit endet. Aus Gründen der Vollständigkeit werden die noch offenen Schritte kurz dargestellt.

Die Kontrolle der Durchführung (*Monitoring*) durch den Case-Manager dient der Abstimmung der einzelnen Maßnahmen, die durch lenkende Eingriffe in der Abfolge koordiniert werden. Letztlich geht es um die Überwachung der vereinbarten Leistungen und darum, mögliche Unzufriedenheiten des Klienten aufzugreifen und die Schritte im Interesse der erforderlichen Hilfen zu optimieren. Maßstab für die Kontrolle sind die gemeinsam verabredeten Ziele. In der anschließenden Evaluation, die sowohl auf vergangene Interventionen, hinsichtlich ihrer Vereinbarkeit mit der Umwelt des Klienten und mit seinen subjektiven Ansprüchen bezogen, erfolgt als auch der Frage nachgeht, welche Perspektiven durch die Maßnahmen entstanden sind, findet die Auswertung der eingeleiteten Unterstützungsmaßnahmen statt.

Am Ende des Case-Managements steht die Rechenschaftslegung, in der auf der Grundlage einer fortlaufenden Dokumentation der einzelnen Schritte ein Nachweis über eingesetzte Mittel und Aktivitäten erbracht wird. Die Auswertung des Case-Managements ist auch Gegenstand der abschließenden Gespräche mit dem Klienten. Eine stabilisierende Wirkung der durchgeführten Hilfen kann durch Nachgespräche und durch Verabredungen für den Fall erneut und unerwartet auftretender Probleme erreicht werden (eine ausführliche Darstellung der einzelnen Arbeitsschritte enthalten Wendt 2001 und Neuffer 2002).

Abschließend werden die Schritte im Case-Management am Beispiel der Versorgung pflegebedürftiger Menschen veranschaulicht. Damit die Soziale Arbeit im Krankenhaus bei einer vorhandenen Pflegebedürftigkeit von Patienten die Möglichkeiten des Case-Managements entfalten kann, muss sie mit ihren psychosozialen Kompetenzen wahrgenommen und frühzeitig in die Versorgung integriert werden. Ihre Aufgaben bestehen nach der Krankenhausaufnahme darin, die Lebenslage der Betroffenen zu analysieren, ihre Lebensumstände und Gewohnheiten in Erfahrung zu bringen und die erforderlichen ambulanten Hilfen mit den Wünschen der Patienten abzustimmen. Diese Maßnahmen tragen zu

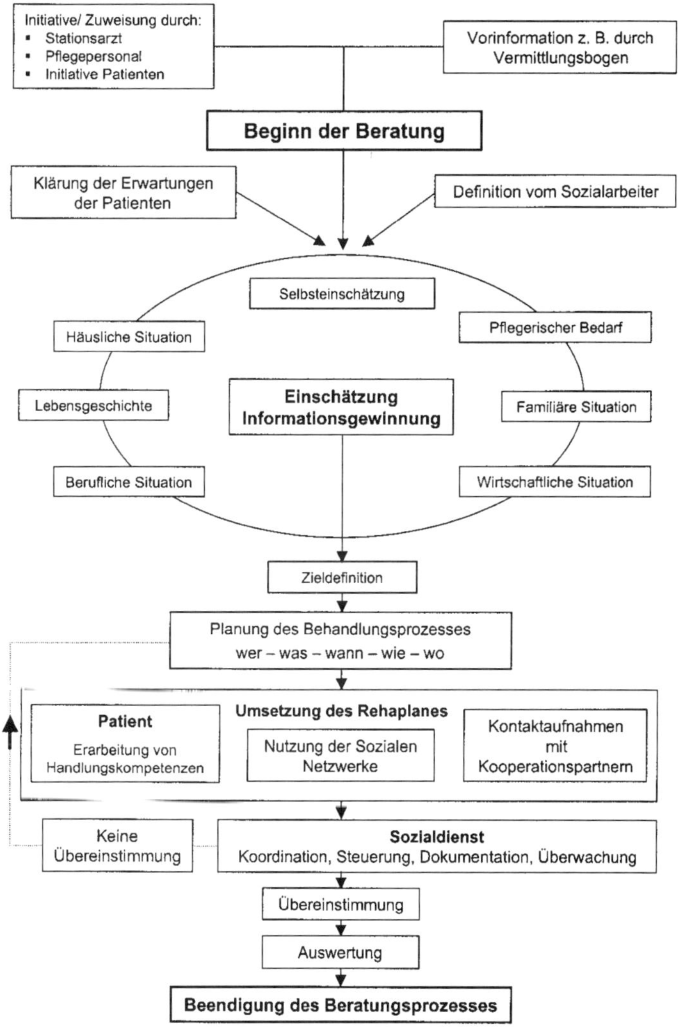

Abb. 5: Standardablauf des Case-Managements

einer Reduzierung der Behandlungstage im Krankenhaus und zu einer Vermeidung bzw. einer Verschiebung der Übersiedelung in ein Pflegeheim bei.

Voraussetzung dafür ist, dass die Patienten und ihre Angehörigen ausführlich über ambulante Hilfen informiert, für den Einzelfall geeignete Dienstleistungen zusammengestellt, organisiert und koordiniert sowie mit den informellen Ressourcen verzahnt werden. Diese Maßnahmen sind Gegenstand der beschriebenen Arbeitsschritte, die vom Assessment bis zur Dokumentation reichen. Der Case-Manager benötigt Kenntnisse über das Versorgungssystem einschließlich der Zugangswege und der Finanzierungsgrundlagen, er muss auf umfassende sozialrechtliche Kenntnisse zurückgreifen, um die soziale Sicherung der Patienten zu verbessern, er benötigt Gesprächsführungs-, Beratungs- und Verhandlungskompetenzen, er muss sich mit Wohnraumberatung und Wohnungsanpassung auskennen und über organisatorische Fähigkeiten verfügen (Wissert 2003, 185f). Wie die Beratung erweist sich auch das Case-Management mit seinen Behandlungsbeiträgen für eine zeitgemäße Krankenhausbehandlung als unverzichtbarer Bestandteil. Auch die weiteren Handlungsansätze der Sozialen Arbeit, die anschließend dargestellt werden, unterstreichen die Bedeutung der Sozialen Arbeit für die Patientenversorgung im Krankenhaus.

6 Strategien und Handlungskonzepte

Das folgende Kapitel umfasst die Qualitätsentwicklung der Sozialen Arbeit im Krankenhaus (6.1) und die Darstellung ausgewählter Praxisprojekte (6.2). Zunächst wird erläutert, in welchem Kontext die Entwicklung von Qualitätsstandards für das Arbeitsfeld notwendig wurde. Es folgt dann eine kurze inhaltliche Einführung in die Grundbegriffe des Qualitätsmanagements im Hinblick auf Soziale Arbeit. Danach werden Qualitätsinstrumente des Arbeitsfelds sowie Behandlungsstandards anhand von Beratungs- und Behandlungskonzepten exemplarisch vorgestellt. In den Ausführungen über Praxisprojekte wird verdeutlicht, wie eine Umsetzung der Qualitätsstandards aussehen könnte.

6.1 Qualitätsentwicklung in der Sozialen Arbeit im Krankenhaus

6.1.1 Qualitätsentwicklung in der Institution Krankenhaus

Das Thema Qualitätsentwicklung hat in den letzten Jahren eine besondere Bedeutung im Krankenhaus errungen. In einem Gesundheitswesen, das von Kostensteigerungen und Finanznöten geprägt ist, entstand schnell eine Diskussion um die Effektivität und Effizienz der stationären Krankenhausbehandlung, die einen erheblichen Teil der Kosten im Gesundheitssystem verursacht. Gefordert wurden, insbesondere von der Kostenträgerseite und der Politik, eine Transparenz der Behandlungsprozesse und eine Optimierung der Abläufe. Mit dieser Entwicklung gingen zahlreiche Privatisierungstendenzen im Krankenhausbereich einher. Es bildeten sich hauptsächlich große Klinikbetreibergesellschaften (Kirbach 2002). Früher waren vor allem Städte und Gemeinden sowie Kirchen und gemeinnützige Einrichtungen Träger der Häuser (Hildebrandt 1996). Diese haben sich in den letzten Jahren vermehrt von ihren Krankenhäusern getrennt oder andere Betreiberformen gewählt, da es für sie vielfach nicht möglich war, die Behandlungseinrichtungen kostendeckend zu betreiben. Die heute nach Kriterien des Marktes agierenden Krankenhäuser stehen im privatwirtschaftlichen Wettbewerb und sollen auf Dauer gewinnbringend arbeiten.

Ein weiterer Aspekt der zunehmend ökonomischen Ausrichtung des Krankenhauswesens ist mit der Einführung des neuen Fallpauschalierungssystems (DRG) als Finanzierungsbasis der Krankenhäuser verbunden. Auch diese Veränderung der Rahmenbedingungen erfordert eine Transparenz von erbrachten Behandlungsleistungen im Hinblick auf Umfang, Dauer und Kosten. Eine differenzierte Dokumentation der realisierten Dienstleistungen wird notwendig. Außerdem wird eine Abkehr von alten hierarchischen Strukturen, festgefahrenem Abteilungsdenken und verkrusteten Kommunikationsstrukturen in der Institution erforderlich. Gefragt sind heute interdisziplinäre Behandlungsansätze, Leistungsbeschreibungen, Behandlungspfade und Schnittstellenkompetenzen (DVSK 2003a).

Qualitätsentwicklungsprogramme haben auf diesem Weg an Bedeutung gewonnen. In Folge dieser Entwicklungen ließen sich Krankenhäuser im Rahmen von Zertifizierungsprogrammen die Qualität ihrer Institution bescheinigen. Voraussetzung für diesen Qualitätsnachweis sind intensive Qualitätsprozesse innerhalb der Behandlungseinrichtung, an der alle Berufsgruppen beteiligt sind. Qualitätsmanagement stellt die Qualität in den Mittelpunkt des Handelns und will durch „Zufriedenheit des Kunden“ einen langfristigen Geschäftserfolg erreichen. Aber auch den Mitarbeitern der Einrichtung nützt ein gut funktionierendes Qualitätskonzept (Haeske-Seeberg 2001).

6.1.2 Grundbegriffe der Qualitätsentwicklung und ihre Bedeutung für die Soziale Arbeit

Qualitätsmanagement beschreibt eine Methode der Unternehmensführung, die bisher in der Industrie, also in gewinnorientierten Unternehmen, eingesetzt wurde (Haeske-Seeberg 2001). Das Qualitätsmanagement hat seine Wurzeln in der Ökonomie. Erkennbar wird dies auch an den verwendeten Begrifflichkeiten des Konzepts und seinen Denkmustern (Meinhold 2003, 130–149). Qualitätsmanagement unterscheidet vier Qualitätsdimensionen, die auch auf soziale Einrichtungen übertragen werden: Konzept-, Struktur-, Prozess- und Ergebnisqualität (Geisen/Mühlbauer 2001).

Konzeptqualität beschreibt fachliche Standards, mögliche Ziele, Bedarfslagen, Wünsche und Motivationen in Bezug auf die Adressaten. In diesem Prozess werden Ziele formuliert, Aufgaben benannt und fachliche Anforderungen dargestellt (Heiner 1996). „Konzeptqualität fragt danach, ob wir wissen, was wir wollen, ob wir wissen, was unsere Adressaten wollen und ob dies das gleiche Ziel ist" (Weber 1998, 13–20).

Strukturqualität beschreibt die Rahmendingungen, unter denen Soziale Arbeit in der Institution stattfindet. Qualitätskriterien sind z. B. die Erreichbarkeit oder der behindertengerechte Zugang einer Institution, aber auch die Ausstattung des Sozialdiensts, wie etwa die Einrichtung des Büros oder des Beratungsraums und das Vorhandensein einschlägiger Hilfsmittel (EDV, Fax, etc.). Sie umfasst auch die Darstellung der Qualifikation der Mitarbeiter und die Regelung der organisatorischen Zuordnung des Dienstes innerhalb der Institution Krankenhaus.

Prozessqualität stellt die Abläufe bzw. die Ablaufqualität eines Dienstes dar, z. B. Art, Umfang und Durchführung der Maßnahmen. Dazu gehören alle Aktivitäten, die im Rahmen der Beratungsabläufe erforderlich sind. Der bereits dargestellte Prozessablauf des Case-Managements ist gerade im Bereich dieser Qualitätsdimension die bedeutsamste methodische Grundlage der sozialen Arbeit im Handlungsfeld.

Ergebnisqualität schildert den Erfolg einer Maßnahme oder einer Dienstleistung. Diese im Bereich der Sozialen Arbeit zu ermitteln, ist ein schwieriges Qualitätsziel, da sie nur schwer operationalisierbar und messbar ist und es in der Regel an geeigneten Instrumenten und Verfahren der Evaluation mangelt. Ergebnisqualität unterscheidet nach Outcome und Output.

Die quantitative Messung bestimmter Leistungen ist u. a. erforderlich, um Leistungsträgern die Bedeutung der Sozialen Arbeit zu präsentieren. An den ermittelten Zahlen werden auch bestimmte Beratungsbedarfe der Klientel deutlich. Nachweise des Umfangs von Beratungsleistungen und die Dokumentation von Beratungsschwerpunkten können helfen, Beratungsangebote anzupassen. Eine Aussage über die Qualität und Wirksamkeit ist damit jedoch nicht unbedingt verbunden.

Wesentlich schwieriger ist die Messung des Outcomes der Sozialen Arbeit, speziell im Hinblick auf die Betroffenen. Dienstleistungen der Sozialen Arbeit entziehen sich oft der Messbarkeit oder offenbaren besondere Probleme der Erfassung (Knorr/Halfar 2000). Zur Darstellung der Ergebnisqualität der Sozialen Arbeit im Krankenhaus ist es erforderlich, die Wirkung der Intervention, den Nutzen für die Betroffenen und das Erreichen von Zielen im Kontext des Gesamtbehandlungsziels zu ermitteln. Qualitätsmerkmale bilden ein Instrument zur Qualitätsbeurteilung. Qualitätsmerkmale können aus verschiedenen Blickrichtungen betrachtet und unterschiedlich bewertet werden, z. B. aus der Sicht des Klienten, der Institution und/oder der Kooperationspartner der Sozialen Arbeit.

Unter Qualitätsstandards der Sozialen Arbeit versteht man die Formulierung von konkreten Verhaltens- und Tätigkeitsbeschreibungen hinsichtlich verschiedener Qualitätsdimensionen einer Dienstleistung oder eines Produkts, die einzuhalten sind (DVSK 1997, 7ff). Im Qualitätsmanual der Deutschen Vereinigung für den Sozialdienst im Krankenhaus e.V. wird die Formulierung eines Behandlungsstandards für das Arbeitsfeld versucht.

Danach trägt das Beratungskonzept der Sozialen Arbeit im Krankenhaus dazu bei:

- „den Klienten zu befähigen, dass er Unterstützung und Dienste für sich erschließen und aus ihnen Nutzen ziehen kann,
- das Vermögen sozialer Netzwerke und wichtiger sozialer Dienstleistungen zu entwickeln, die Lebenstüchtigkeit und das Wohlergehen der Klienten zu fördern,
- die Effektivität der Dienste zu steigern, wobei versucht wird, die Dienstleistungen und Unterstützung mit der höchstmöglichen Effizienz zu erbringen" (Steffes 1999, 37f).

6.1.3 Qualitätsinstrumente des Arbeitsfelds

Soziale Arbeit im Krankenhaus muss sich den Kriterien von Messbarkeit und Nachvollziehbarkeit unterziehen. Im Rahmen dieses Prozesses der Neuorientierung entstanden definierte Behandlungs- und Beratungsstandards sowie geeignete Instrumente der Dokumentation.

Produkt- und Leistungsbeschreibung: Der Impuls zur Erstellung einer Produkt- und Leistungsbeschreibung für das Arbeitsfeld ergab sich aus der Notwendigkeit, dass auch die Leistungen und die Qualität der Sozialen Arbeit im Krankenhaus verstärkt einer Messung und Beurteilung

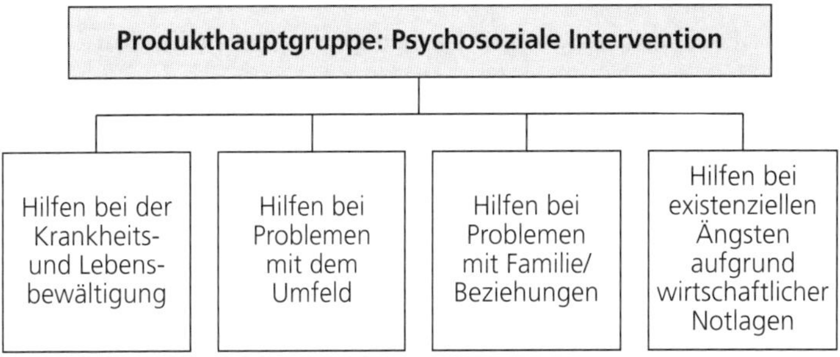

Abb. 6: Produkthauptgruppe „Psychosoziale Intervention"

innerhalb des Gesamtbehandlungskontexts unterzogen wurden. Das zentrale Anliegen ist, die breite Leistungspalette der Kliniksozialarbeit deutlich und nachvollziehbar zu machen, um im Rahmen der Rationalisierungs- und Reorganisationsprozesse der Krankenhäuser und des Gesundheitswesens klar definierte Standards einbringen zu können (DVSK 2003a). Als Grundlage wurden zunächst die Leistungen des Sozialen Dienstes im Krankenhaus in einem Produktkatalog aufgelistet, jedoch noch nicht im Detail beschrieben. Diese Darstellung sollte zunächst einen Überblick über das Spektrum der Beratungsleistungen vermitteln. In den grafischen Schaubildern (s. Abb. 6–8) werden die Produkthauptgruppen und thematischen Schwerpunkte benannt.

Danach erfolgte eine Beschreibung von Klassifizierungskriterien im Hinblick auf Schweregrade des Einzelfalls. Erst diese Fallmerkmale verdeutlichen, warum sich Beratungsprozesse bei Patienten mit gleichen Behandlungsdiagnosen unterscheiden, da verschiedene psychoso-

Abb. 7: Produkthauptgruppe „Soziale Intervention"

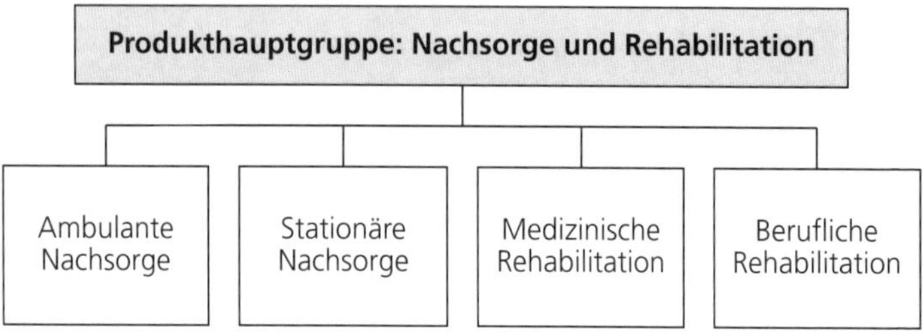

Abb. 8: Produkthauptgruppe „Nachsorge und Rehabilitation"

ziale Faktoren den Umfang und Inhalt der Beratungsleistung erheblich beeinflussen.
Im Rahmen dieses Qualitätskonzepts werden die Leistungen der Sozialen Arbeit im Krankenhaus danach detailliert beschrieben.

Die Produktbeschreibung enthält:
- die Darstellung der Zielgruppe
- eine Zielbeschreibung
- eine Schilderung des Produkts
- die Grundlage (z. B. Rechtsgrundlage) des Produkts
- eine Anschauung der Kooperationspartner intern und extern

Die Leistungsbeschreibung enthält:
- eine Darstellung der Leistungsbestandteile sowohl im Hinblick auf die direkte Beratungsleistung mit dem Patienten als auch in Bezug auf organisatorische Notwendigkeiten zur Erbringung der Leistung
- eine Illustration der Verfahrensabläufe zur Leistungserbringung
- eine Veranschaulichung der Dokumentationsprozesse

Dadurch kann ihre Qualität beurteilt und nachgewiesen und innerhalb und außerhalb der Einrichtung sachgerecht präsentiert werden (DVSK 1999a; DVSK 2003a).

Dokumentation und Statistik: Um den Umfang und die Qualität der Sozialen Arbeit im Krankenhaus zu beschreiben, ist ein qualifiziertes Dokumentations- und Statistiksystem erforderlich. Eine lückenlose Dokumentation der Einzelfallarbeit ist für die Tätigkeit des Sozialarbeiters unverzichtbar (Bachmann et al. 1999, 44f). Sie liefert den Nachweis über den Beratungsprozess, die Beratungsinhalte und über den Umfang und die Art der erbrachten Beratungs- und Unterstützungsleistungen.

Personenbezogen

- Alleinlebend: fehlende Unterstützung, umfangreiche Organisation des Versorgungsnetzes
- Ausländischer Mitbürger: Verständigungsprobleme
- Wohnort: andere Stadt, anderes Bundesland, erhöhter Zeitbedarf zur Klärung der Kooperationspartner

Krankheitsbezogen

- Behinderung der Sinnesorgane: Seh-, Hör-, Sprachbehinderung
- Suchtproblematik: alle Suchtmittel, intensive Betreuung und Beratung erforderlich
- Eingeschränkte Entscheidungsfähigkeit: kognitive/psychische Einschränkung, Demenz
- Spezifischer Versorgungs-/Pflegebedarf: Apalliker, Patient mit resistenten Keimen, Patient mit besonderer Behinderung

Institutionsbezogen

- Strukturelle Defizite: unklare/fehlende Verfahren/Absprachen, Kommunikationsstörungen
- Fehlende Aufnahmekapazitäten: keine Aufnahmemöglichkeit, Wartezeiten
- Fehlender Kostenträger: Kostenträger unbekannt, Zuständigkeit der Kostenträger unklar

Abb. 9: Fallmerkmale der Sozialen Arbeit im Krankenhaus

Die Dokumentation muss transparent und nachvollziehbar und nach einheitlichen Standards erfolgen. Sie enthält auch fallrelevante Unterlagen wie Anträge, Schriftverkehr oder Berichte. Die Dokumentationsinhalte bilden die Grundlage für die statistische Erfassung.

In der Statistik werden erbrachte Beratungs- und Unterstützungsleistungen patientenbezogen erfasst, ausgewertet und zugeordnet. Sie enthält Patientendaten, beratungsrelevante Aspekte (z. B. Beratungsthemen, Beratungsinhalte, Beratungsverlauf), Daten über realisierte Leistungen sowie über interne und externe fallbezogene Kontakte. Durch eine Statistik sind Aussagen über Merkmale der Klientel, erbrachte Leistungen und Beratungsbedarf möglich. Die Erstellung eines geeigneten Statistikinstruments ist ein umfangreicher Prozess. Die Auswertung und Interpretation statistischer Ergebnisse stellt ebenfalls eine hohe Anforderung dar (Bachmann et al., 1999, 44f; DVSK 2003a). Die Statistiksystematik und -anleitung befinden sich auf der Homepage des Verlags: www.reinhardt-verlag.de.

Die von einer Projektgruppe der Deutschen Vereinigung für den Sozialdienst im Krankenhaus e.V. 1999 vorgelegte umfassende Dokumentationsanleitung und Statistiksystematik bietet eine gute Grundlage zur Erstellung einer auf das jeweilige Krankenhaus zugeschnittenen individuellen Leistungsdokumentation (DVSK 1999c).

EDV als Hilfsinstrumentarium der Qualitätsentwicklung: Zur praktischen Umsetzung der dargestellten Modelle der Qualitätsentwicklung ist der Einsatz von EDV als Hilfsinstrument unerlässlich (Kurlemann 2000b, 53 f). Inzwischen hat sich EDV als alltägliches Arbeitsmittel in der Sozialen Arbeit im Krankenhaus fest etabliert. EDV ist ein Instrument, das den Anwender bei der Bewältigung der Verwaltungsarbeit effizient unterstützt (Börtz/Kurlemann 2001, 91f). Mit ihr ist eine aussagefähige Statistik und Dokumentation der Einzelfallarbeit möglich.

Leistungen einer EDV Software für Soziale Arbeit im Krankenhaus:

- Erstellen von Patientenakten
- Verwaltung von Patientenstammdaten
- Adressenverwaltung mit schnellem Zugriff auf Ansprechpartner
- Formulare, Anträge, Briefe
- statistische Auswertung von Beratungsinhalten, Beratungsschwerpunkten, Vermittlungsleistungen, etc.
- Darstellung und Informationen zu Krankheitsbildern
- Sozial- und Versicherungslexikon mit aktuellen Gesetzestexten
- Unterstützung bei Schriftverkehr, Anträgen, Befundberichten, etc.

Weitere Nutzungsmöglichkeiten der EDV in der Praxis Sozialer Arbeit:

- Internet als Informationsquelle zu aktuellen Fragestellungen, Adressen, Hilfsmöglichkeiten
- E-Mail für den zeitnahen Schriftverkehr
- Datenbanken zur Recherche in bestimmten Themenfeldern

- interne Vernetzung innerhalb der Abteilung und innerhalb des Krankenhauses
- externe Vernetzung zur Einleitung bestimmter Maßnahmen

6.2 Behandlungsstandards und Praxiskonzepte

6.2.1 Positionspapier „Entlassungsmanagement" der DVSG

Durch die Einführung von Fallpauschalen als Finanzierungsgrundlage der Krankenhausbehandlung hat sich die Entlassungspraxis erheblich verändert. Den Sozialen Diensten bleibt vielfach nur ein sehr begrenzter Zeitraum, um eine geeignete und qualitativ gute psychosoziale Versorgung für den Patienten zu organisieren. Für den Fachverband der Sozialen Arbeit im Gesundheitswesen (DVSG – ehemals DVSK – Deutsche Vereinigung für den Sozialdienst im Krankenhaus) ergab sich daher die Notwendigkeit, mit adäquaten Betreuungskonzepten seine Stellung im Management der Patientenentlassung auszubauen und zur Förderung von Strukturen beizutragen, die interprofessionell patientenorientiertes Vorgehen standardmäßig festlegen. Entlassungsmanagement wird dabei als „ein konzeptionelles, professionelles Vorgehen der Sozialarbeit im Krankenhaus, um im Falle multipler Problemlagen mit dem Patienten und seinen Bezugspersonen im interprofessionellen Rahmen eine tragfähige Entscheidung für die nachstationäre Versorgung zu erarbeiten und umzusetzen", definiert (DVSG 2004b).

Die Basis des beruflichen Handelns ist die Sozialanamnese, die eine umfassende Situationsanalyse enthält und den individuellen Bedarf an Beratung, Unterstützung und konkreten Hilfen zur Nachsorge, Rehabilitation, wirtschaftlicher Sicherung und psychosozialer Intervention beschreibt. Die zeitnahe Kontaktaufnahme mit möglichst vielen Bezugspersonen des Patienten, wie Angehörigen, Nachbarn, Hausarzt, Pflegedienst, Begegnungsstätten u. a., ist dabei unerlässlich. Weitere bedeutsame Elemente des Entlassungsmanagements sind multiprofessionelle Kooperation und eine funktionierende interne Vernetzung innerhalb der Klinik (Wendt 2001).

Die besondere Kompetenz der Sozialen Arbeit im Krankenhaus ist die Fähigkeit, Erkenntnisse und Zielvorstellungen aller Beteiligten zu bündeln und zu koordinieren. Sie hat eine zentrale Funktion im Hinblick auf eine gut vorbereitete und optimal aufeinander abgestimmte Überleitung des Patienten in die nachstationäre Versorgung (DVSG 2004b). Die

Kerninhalte des Entlassungsmanagements

Unterstützung:

- bei der Krankheitsverarbeitung: Bearbeitung psychosozialer Belastungen aufgrund krankheitsbedingter Hilfebedürftigkeit/Abhängigkeit und Unterstützung bei deren Bewältigung im Alltag
- von Patienten und Angehörigen bei der Realisierung und angemessenen Einschätzung der Krankheitssituation
- bei der Veränderung der Lebensplanung sowie der veränderten familiären Beziehungen/Strukturen
- der Angehörigen bei der Klärung ihrer persönlichen Hilfemöglichkeiten und Belastungsgrenzen

Entwicklung:

- von Perspektiven gemeinsam mit dem Patienten und seinen Bezugspersonen
- von Information und Beratung zu bestehenden Strukturen und Versorgungsangeboten

Beratung:

- zu finanziellen Fragen und Problemen
- zu Finanzierungsfragen und Hilfestellung bei Anträgen
- zu gesundheitlichen Präventionsmaßnahmen und zu Schulungsmöglichkeiten für Patienten und Angehörige
- zu Hilfsmitteln und deren Beantragung
- zu Wohnungsanpassung und deren Finanzierung
- zu Selbsthilfegruppen

Kontaktaufnahme:

- zu nachsorgenden Institutionen und Organisationen bzgl. der Planung, Terminierung, Umsetzung der Maßnahmen

Kerninhalte des Entlassungsmanagementkonzepts werden durch den Kasten verdeutlicht.

6.2.2 Luisenhospital, Aachen: Die Sozialvisite

Die Sozialvisite ist das Ergebnis von Qualitätsprozessen im Rahmen von Bestandsaufnahmen von Verfahrensabläufen in der Institution Krankenhaus (Dieffenbach et. al. 2002). Auch gesundheitliche Leistungen müssen sich daran messen lassen, ob diese für den Menschen bedarfsgerecht sind und nachhaltig wirken. Soziale und psychische Dimensionen sind einzubeziehen und Gesundheitsziele neu zu definieren (Hegeler 2002b). Durch eine integrationsorientierte Ausrichtung steigt die Chance der Teilhabe von kranken und behinderten Menschen.

Bei der Analyse des bisher üblichen Entlassungsmodus im Krankenhaus wurde festgestellt, dass die psychosoziale Dimension von Krankheit nur begrenzt oder erst sehr spät Berücksichtigung findet. Erhebliche Kooperationsmängel führten vielfach zu Verzögerungen im Behandlungsablauf. Es wurde deutlich, dass die notwendige Verringerung der Verweildauer im Krankenhaus nur erreicht werden kann, wenn eine Optimierung der Kooperationswege und eine frühzeitige Einbeziehung der Sozialen Dienste im Hinblick auf die psychosozialen Folgen von Krankheit erfolgt.

Basierend auf diesen Erkenntnissen, wurde im Luisenhospital in Aachen das Konzept der „Sozialvisite“ fest etabliert. Es handelt sich dabei um einen berufsgruppenübergreifenden Ansatz, der ein geändertes Organisationsverständnis widerspiegelt. Zwei Aspekte stehen im Vordergrund:

- „Die Entlassung beginnt bei der Aufnahme", so lautet der neue Grundsatz im Behandlungsprozedere des Krankenhauses. Die am Behandlungsprozess beteiligten Berufsgruppen müssen für eine gute und funktionierende Kooperation und Kommunikation sorgen. Die Interessen des Patienten werden dabei umfassend berücksichtigt.
- Die psychosoziale Dimension von Krankheit wird vom Beginn des Behandlungsprozesses an von allen am Behandlungsprozess Beteiligten berücksichtigt. So können die verschiedenen Gesichtspunkte der vor- und nachstationären Versorgung frühzeitig betrachtet und diskutiert werden, um eine geeignete Lösung für den Patienten zu erreichen (Hegeler 2002b).

Die Sozialvisite findet als interdisziplinäre Kooperationssitzung wöchentlich statt. Zahlreiche Anliegen und Absprachen im Hinblick auf den Patienten können in konzentrierter Form geklärt werden. Komplexe Fragestellungen, die die medizinische, pflegerische und psychosoziale Versorgungssituation betreffen, können so frühzeitig und adäquat erläutert und mit externen Kooperationspartnern geplant werden. Was zunächst wie zusätzliche Arbeit aussah, stellte sich sehr schnell als Entlastung für alle Beteiligten heraus, da Informationen gebündelt wurden und viele zusätzliche Kommunikationswege entfielen. Die Krankenhausverweildauer konnte bei einer Vielzahl der Patienten eingehalten oder sogar reduziert werden, obwohl letztlich eine Qualitätsverbesserung im Behandlungsprozess erreicht wurde. Es konnte der Nachweis erbracht werden, dass durch eine systematische und zeitnahe Begleitung und Betreuung der Patienten mit begleitenden psychosozialen Defiziten ein wirtschaftlicher Gewinn für das Krankenhaus erzielt werden kann. Die Krankenhausleitung hat nach einer erfolgten Modellphase des Projekts, die begleitend evaluiert wurde, eine Stellenerweiterung für den Bereich Sozialarbeit beschlossen (Hegeler 2002b).

Leitprinzipien für die Methode „Sozialvisite":

- Leitsatz: „Die Entlassung beginnt mit der Aufnahme"
- die Sozialdiagnose und -prognose erhalten die gleiche Wertigkeit wie die medizinische Dimension
- Vernetzung der Professionen innerhalb des Krankenhauses
- kein zusätzlicher Einsatz einer weiteren Spezialkraft wie Brückenpflege, d. h. auch keine zusätzliche Schnittstelle
- Einhaltung oder auch Reduzierung der Verweildauer
- Verringerung wiederholter Aufnahmen ins Krankenhaus
- Vermeidung nicht gewünschter Umzüge in stationäre Pflegeeinrichtungen
- Qualitätsverbesserung des Entlassungsmanagements durch Kundenorientierung, Effizienzorientierung und Prozessorientierung

6.2.3 Krankenhaus München-Neuperlach: Die koordinierte Entlassung

Das Projekt „Die koordinierte Entlassung von pflege- und hilfebedürftigen Patienten" im Krankenhaus München-Neuperlach ist ein weiteres ermutigendes Beispiel interdisziplinärer Zusammenarbeit (Ärzte, Pflegekräfte und Sozialarbeiter). Das Krankenhaus hat sich das Ziel gesetzt, die Wirksamkeit der Behandlung durch vorausschauende, interdisziplinär abgestimmte Planung der Versorgung nach dem Krankenhausaufenthalt zu sichern. Das Projekt soll auch dazu dienen, die Kommunikation innerhalb des Krankenhauses und den Informationsfluss zwischen

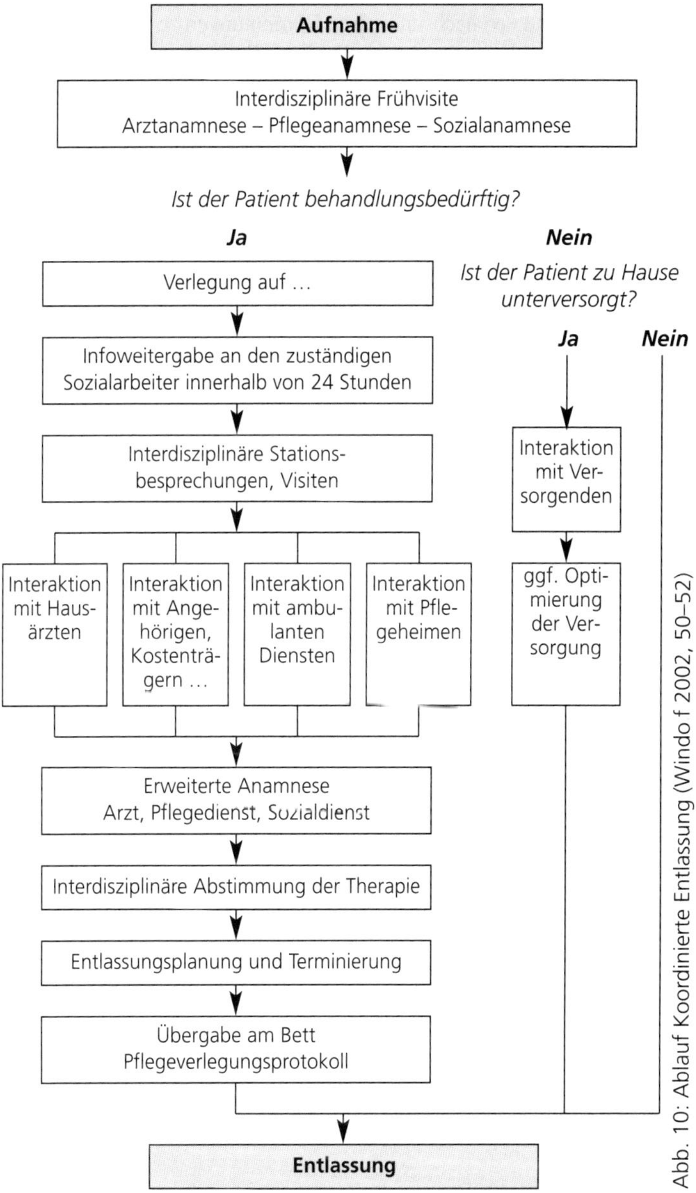

Abb. 10: Ablauf Koordinierte Entlassung (Windo f 2002, 50–52)

Krankenhaus und den nachstationären Einrichtungen zu verbessern. Basierend auf dem Konsens innerhalb der Klinik, dass eine qualitativ hochwertige Patientenversorgung von betreuungsbedürftigen Patienten nur durch eine differenzierte Kenntnis des sozialen Umfelds erreicht werden kann, entstand ein in der Fachwelt vielbeachtetes Konzept der Patientenbetreuung. Der Soziale Dienst der Klinik erfüllt dabei zentrale Aufgaben im Rahmen des Behandlungsverlaufs (Windolf 2002, 50–52). Die wichtigsten Elemente des Betreuungskonzepts:

- Der Sozialdienst nimmt an der Frühvisite der internen Notaufnahme teil. Der psychosoziale Betreuungsbedarf der Patienten wird bereits bei der Aufnahme erfasst.
- Es bestehen nicht nur auf allen Schwerpunktstationen multidisziplinäre Teams aus Ärzten, Pflegepersonal, Sozialarbeitern und Therapeuten. Eine umfassende psychosoziale Diagnostik erfolgt bereits zu Beginn der Behandlung.
- Die nachstationäre Versorgung kann frühzeitig ins Visier genommen werden.

Auch strukturell hat der Soziale Dienst eine zentrale Rolle innerhalb des Krankenhauses. Er fungiert als Verbindungsschiene zwischen Patient und Krankenhausverwaltung und kann so bestehende Kommunikationsprobleme ausräumen. Die Abteilung Patientenservice (Telefonvermittlung, Pforte und Patientenaufnahme) arbeitet unter der Leitung eines Sozialarbeiters (Windolf 2002, 50–52). So besteht eine intensive Verzahnung von wichtigen Kommunikationseinheiten des Hauses. Defizite und Probleme der Patienten und in der Vernetzung nach draußen können rechtzeitig erkannt und beseitigt werden. Die Ausführungen verdeutlichen, wie im Rahmen des dargestellten Konzepts der Weg von einer hierarchischen, ärztlich dominierten Struktur zu einem von Teamarbeit geprägten Ablauf eingeschlagen worden ist.

7 Ethische Aspekte des Arbeitsfelds

Die Auseinandersetzung mit ethischen Aspekten der Sozialen Arbeit im Krankenhaus erfüllt eine doppelte Funktion. Sie liefert die intellektuellen Grundlagen für die Reflexion der sozialen Praxis und leitet das Handeln im Umgang mit kranken Menschen an. Zunächst werden ethische Fragen im Krankenhausalltag erörtert, die immer dann eine Rolle spielen, wenn knappe Mittel auf konträre Interessen stoßen (7.1). Die Soziale Arbeit ist auf ethische Grundsätze angewiesen, die es ihr ermöglichen, eigene Positionen in diesem Spannungsfeld zu beziehen (7.2).

Eine wesentliche Grundlage der ethischen Reflexion in der Sozialen Arbeit liefert die Orientierung an der Menschenwürde, die sowohl theoretische als auch praktische Konsequenzen beinhaltet (7.3). Wenn es darum geht, die Auswirkungen der Ausrichtung an der Menschenwürde zu konkretisieren, steht die Soziale Arbeit vor einer besonderen Verantwortung, die inhaltlich gefüllt werden muss (7.4). Wie weit die ethischen Überlegungen in die Praxis ausstrahlen, zeigen aktuelle Ethikprojekte im klinischen Alltag (7.5).

7.1 Ethische Aspekte im Krankenhaus

Die Soziale Arbeit verfügt über keine spezielle Ethik für ihre Tätigkeiten im Krankenhaus. Bei der Auswahl sozialarbeiterisch relevanter ethischer Aspekte stehen die Themen der Medizinethik im Mittelpunkt. In dieser Bereichsethik steht die Reflexion des Arzt-Patient-Verhältnisses, des Schwangerschaftsabbruchs, der Sterbehilfe, der Therapiebegrenzung, der Transplantationsmedizin, der Forschung und der Mittelverteilung im Gesundheitswesen im Zentrum (Wiesing/Marckmann 2002, 269f). Die ethische Betrachtung hat in der Medizin eine lange Tradition. Erinnert sei an den hippokratischen Eid, der in veränderter Form heute noch gültig ist. Ärzte verpflichten sich mit dieser Schwurformel u. a., Kranken nach bestem Vermögen und Urteil zu helfen, Schaden von ihnen abzuwenden und niemandem – auch nicht auf Verlangen – Sterbehilfe zu leisten. Heute verfügen die medizinischen Fakultäten ebenso wie die Ärztekammern über eigene Ethikkommissionen, die Grundsatzfragen der ärztlichen Forschung und Praxis bearbeiten.

Patienten im Krankenhaus erleben sich durch Krankheit oder die Folgen eines Unfalls häufig existenziell bedroht. Sie spüren Ängste und Hoffnungslosigkeit und sind auf einen einfühlsamen Umgang durch alle Mitarbeiter eines Krankenhauses angewiesen. Aus ethischer Sicht geht es nicht nur um das Arzt-Patient-Verhältnis, sondern ebenso um das Pflegekraft-Patient-Verhältnis und um die Qualität der Beziehung des Patienten zum Sozialarbeiter.

Die folgenden Überlegungen (Höffe 2002, 135) beziehen sich deshalb nicht nur auf die im Text genannten Berufsgruppen, sondern umfassen alle Fachkräfte, die mit Patienten umgehen: „Die Gesellschaft erwartet zu Recht von den Medizinern, dass sie einerseits handwerklich auf dem neuesten Stand des Wissens und ihre Geräte auf dem neuesten Stand der Technik sind, andererseits aber auch, dass sie dabei nicht verlernen, Patienten wie Menschen und nicht wie organische Maschinen zu behandeln. Ärzte und Pflegepersonal müssen aus dem Wissen heraus handeln, dass sie mit Menschen zu tun haben, die leiden, und zwar Menschen, die nicht bloß an etwas leiden, sondern häufig genug wegen ihres physischen Leidens auch im engen und strengen, psychischen Sinn leiden."

Für die Erörterung ethischer Aspekte der Sozialen Arbeit im Krankenhaus interessiert das Menschenbild, das unser Handeln prägt. Wie andere Berufsgruppen im Krankenhaus geht auch die Soziale Arbeit von der Autonomie des Patienten aus, die in allen Schritten der Behandlung und Versorgung zu achten ist. Auf die mögliche Missachtung der Autonomie des anderen muss vor allem dann geschaut werden, wenn Hilfeangebote an Menschen gerichtet werden, die durch Krankheit oder Behinderung nicht oder nur begrenzt in der Lage sind, ihre Interessen eigenständig zu vertreten. Die Anerkennung der Patientenautonomie wird niemand ernsthaft bestreiten. Geht es aber ins Detail, erweist sich diese Maxime als besonders anspruchsvoll. In seinen Überlegungen über Soziale Arbeit und Moral insistiert Thiersch (2001, 1255), dass bei allen Maßnahmen die Zustimmung der Adressaten unerlässlich ist. „Soziale Arbeit kann nur praktiziert werden im Modus der stellvertretenden Verantwortung, der advokatorischen Ethik (...), im Wissen also darum, dass die Intentionen der Hilfe im Horizont der Möglichkeiten des anderen prinzipiell zustimmungsfähig sind." Für die Soziale Arbeit im Krankenhaus ist diese Grundhaltung besonders wichtig, wie die folgenden Praxisschilderungen verdeutlichen.

Ein Beispiel aus der medizinischen Behandlung: Eine ältere Patientin, die nach einem Schlaganfall sehr geschwächt ist, hat große Mühe, Nahrung und Flüssigkeit aufzunehmen. Nur mit sehr viel Mühe und Zeitaufwand gelingt es, die Frau einigermaßen zu versorgen. Um den pflegerischen Aufwand zu begrenzen, ordnet der Arzt eine Sonde an, mit der die Patientin ohne besonderen Zeitaufwand ernährt werden kann. Mit der Patientenautonomie ist diese invasive Maßnahme ohne genaue Vorklärung mit der betroffenen Frau nicht zu vereinbaren.

Ein Beispiel aus dem Bereich der Sozialarbeit: Die gleiche Patientin ist auf umfassende Pflege angewiesen, die ambulant nicht sichergestellt werden kann. Die Krankenkasse ist mit dem Hinweis, dass es sich um einen Pflegefall handelt, nur noch wenige Tage bereit, die Krankenhauskosten zu übernehmen. Der Sozialdienst wird beauftragt, die Verlegung in ein Pflegeheim vorzubereiten. Die Patientin weigert sich, einer Verlegung zuzustimmen. Sie kann zwar nicht sprechen, macht aber für den Sozialarbeiter deutlich erkennbar, dass sie mit der Heimaufnahme nicht einverstanden ist. Der behandelnde Arzt bietet dem Sozialarbeiter an, dass er die Einverständniserklärung der Patientin für die Heimaufnahme mit dem Hinweis unterschreibt, dass die Patientin einverstanden sei.

Beide Beispiele verweisen auf Dilemmata, die eine ethische Reflexion unumgänglich machen, es sei denn, die institutionellen Sachzwänge werden so absolut gesetzt, dass für ethische Fragen kein Raum mehr bleibt.

Neben der Patientenautonomie interessiert die Soziale Arbeit aus ethischer Perspektive die Frage der Mittelverteilung im Gesundheitswesen. Angesprochen ist damit die Mittelknappheit, die alle Reformgesetze im Gesundheitswesen antreibt. Schon heute werden aus fiskalischen Gründen medizinische Leistungen rationiert. Ein Ende dieser Bemühungen ist vor dem Hintergrund der demographischen Entwicklung unserer Gesellschaft noch nicht in Sicht. Sowohl aktuell als auch zukünftig geht es verstärkt um die Frage, welche Leistungen den Patienten noch angeboten und welche Leistungen, beispielsweise für ältere Patienten, nicht mehr vorgehalten werden. Rationierung im Gesundheitswesen meint, dass verfügbare medizinische Leistungen, für die ein Bedarf besteht, nicht erbracht werden. Dies kann durch einen Abbau der Leistungsanbieter, durch die Neugewichtung von Forschungsschwerpunkten oder durch individuelle Leistungsrationierungen erfolgen (Plamper/Lauterbach 2001, 45). In der Diskussion um Rationierungen im Gesundheitswesen wird die Frage der gerechten Verteilung bei begrenzten und knapper werdenden Ressourcen aufgeworfen. Eine andere Ebene, die vor allem Ärzte interessiert, betrifft die Entscheidung, welche Eingriffe und therapeutischen Maßnahmen etwa bei Sterbenden noch vertretbar sind.

Aus der Sicht der Sozialen Arbeit konzentrieren wir uns auf die gerechte Verteilung der medizinischen Leistungen. In der Sozialen Arbeit ist der Begriff des advokatorischen Engagements bzw. auch der advokatorischen Ethik eingeführt. Dieses Engagement ist speziell für die Patienten wichtig, die aus sozial benachteiligten Verhältnissen stammen. Sie haben besondere Probleme, ihre Interessen im Gesundheitssystem wahrzunehmen (Kuhlmann 2001, 365).

Das Spannungsverhältnis zwischen wirtschaftlichen und medizinischen Interessen kommt bereits in den Rechtsgrundlagen der Krankenhausbehandlung zum Ausdruck. Nach §2 SGB V erhalten die Versicherten die gesetzlich geregelten Leistungen unter Berücksichtigung des Wirtschaftlichkeitsgebots. In §12 Abs. 1 SGB V heißt es: „Die Leistungen müssen ausreichend, zweckmäßig und wirtschaftlich sein; sie dürfen das Maß des Notwendigen nicht überschreiten. Leistungen, die nicht notwendig oder unwirtschaftlich sind, können Versicherte nicht beanspruchen, dürfen die Leistungserbringer nicht bewirken und die Krankenkassen nicht bewilligen." Diese abstrakt berechtigten Begrenzungen von Behandlungswünschen der Patienten werden vor allem dann problematisch, wenn wirtschaftlichen Aspekten ein größeres Gewicht eingeräumt wird als den medizinischen Überlegungen.

Deppe stellt in diesem Zusammenhang die Frage, ob die ärztliche Auskunft, dass eine Therapie medizinisch nicht notwendig wäre, auf die möglichen Risiken eines Eingriffs oder die Kostenfrage bezogen sei. In der gegenwärtigen Diskussion über die Finanzierungsgrundlagen des Gesundheitswesens entsteht immer häufiger der Verdacht, dass aus Kostengründen notwendige Behandlungen nicht eingeleitet werden. „Der Druck der wirtschaftlichen Konkurrenz setzt das betriebswirtschaftliche Modell der Gefahr aus, seine immanenten destruktiven Potenziale zu ignorieren. Und das führt zu einer Kulturwende in der Medizin" (Deppe 2002b, 21)

7.2 Ethik und Soziale Arbeit

In einer neuen Definition von Sozialer Arbeit, die auf die International Federation of Social Workers (IFSW) zurückgeht, werden folgende Werte hervorgehoben, die für die Soziale Arbeit im 21. Jahrhundert bedeutsam sind: „Soziale Arbeit basiert auf humanitären und demokratischen Idealen, und diese Werte resultieren aus dem Respekt vor der Gleichheit und Würde aller Menschen. Seit ihrem Beginn vor einem Jahrhundert hat die professionelle Soziale Arbeit sich auf die menschlichen Bedürfnisse konzentriert und die Entwicklung der Stärken der Menschen vorrangig unterstützt. Menschenrechte und soziale Gerechtigkeit dienen als Motivation für sozialarbeiterisches Handeln. Professionelle Soziale Arbeit ist bemüht, Armut zu lindern, verletzte, ausgestoßene und unterdrückte Menschen zu befreien sowie die Stärken der Menschen zu erkennen und Integration zu fördern. Die Werte von Sozialer Arbeit sind in den ‚Codes of Ethics' in aller Welt enthalten" (IFSW 2003, 2). Diese Ausführungen stecken den allgemeinen Rahmen ab, in dem die Diskussion ethischer Grundsätze der Sozialen Arbeit erfolgt. Die Aufgabe besteht darin, aus den Proklamationen verbindliche Konsequenzen für die soziale Praxis, gegebenenfalls auch für einzelne Arbeitsfelder wie das Krankenhaus, abzuleiten.

Die Soziale Arbeit im Krankenhaus richtet sich wie auch in anderen Arbeitsfeldern an Menschen in prekären Lebensumständen, die auf Unterstützung angewiesen sind. Hilfeentscheidungen müssen ethisch begründet werden. Auch hinsichtlich der Auswahl geeigneter Methoden dienen ethische Maximen als Richtschnur, denn nicht alles, was möglich ist, ist auch akzeptabel. So verbieten sich beispielsweise manipulative Vorgehensweisen, um von Patienten eine Unterschrift für einen Heimaufnahmeantrag zu erhalten, auch dann, wenn die Heimaufnahme unausweichlich ist und ein zu bestellender Berufsbetreuer nicht anders entscheiden würde. Verbindliche ethische Grundsätze sorgen in der Sozialen Arbeit für eine Selbstkontrolle, die bei einer zwangsläufig unvollständigen Außenkontrolle, etwa im persönlichen Umgang mit kranken Menschen, unverzichtbar ist.

In der ethischen Dimension der Sozialen Arbeit geht es um elementare Zusammenhänge, die den Respekt vor der autonomen Lebensführung der Klientel, den Umgang mit Abhängigkeit und die Erschließung geeigneter Hilfen betreffen. Für die Soziale Arbeit sind ethische Regeln erforderlich, die Hinweise geben, was zu unternehmen ist. Darin unterscheiden sich ethische von moralischen Regeln, die vorschreiben, was ich machen soll. Was zu tun ist, ergibt sich aus der bewertenden Analyse der gesellschaftlichen Verhältnisse, die zu sozialer Ungleichheit führen und aus der Reflexion der Situation des Klienten, der auf Hilfe in seiner Alltagsbewältigung angewiesen ist (Baum 1996). Gegenstand der Ethik sind nach Kerber (1998) das Sittliche, menschliche Werte, Werteinstellungen und das menschliche Sollen. Entsprechend der Ausrichtung der Sozialen Arbeit an den äußeren Lebensumständen und dem individuellen Hilfeprozess, greifen wir auf Elemente der Individual- und der Sozialethik zurück.

In der Individual- oder Personalethik stehen die Pflichten des Einzelnen in der Gesellschaft und seine persönliche Verantwortung für sein Leben im Mittelpunkt. Hintergrund dieser ethischen Konzeption ist ein neuzeitliches Menschenbild, das den Menschen als unverwechselbares Wesen versteht, der sich seiner selbst bewusst und Ursache seiner Handlungen ist, für die er verantwortlich gemacht wird. Bezogen auf die Soziale Arbeit, besteht die Aufgabe häufig darin, Menschen erst wieder zu befähigen, ihre individuelle Verantwortung wahrnehmen zu können.

Gegenstand der Sozialethik ist die Bewertung sozialer Institutionen hinsichtlich ihrer gerechten Ausgestaltung. Sozialethische Fragen beschäftigen sich mit den institutionellen und gesellschaftlichen Bedingungen, die für ein würdevolles Leben unabdingbar sind. Aus sozialethischer Sicht geht es beispielsweise auch darum, das Krankenhaus mit seinen Routinen und Abläufen bezüglich der Spielräume für die Patientenautonomie zu beurteilen (Kerber 1998).

In der aktuellen Diskussion um ethische Grundsätze in der Sozialen Arbeit, wie sie etwa im Positionspapier des DBSH zum Ausdruck kommen, wird die unbedingte Achtung vor der Autonomie jedes Einzelnen und der Respekt vor seiner Lebensführung sowie das Eintreten für soziale Gerechtigkeit hervorgehoben. Zur Begründung dieser Maximen verweisen die Autoren u. a. auf das Sozialstaatsprinzip des Grundgesetzes und den Schutz der menschlichen Würde, der ebenfalls Verfassungsrang genießt. Die vielfältigen Implikationen, die sich aus dem Bezug auf die Menschenwürde für die Soziale Arbeit im Krankenhaus ergeben, werden genauer ausgeführt.

7.3 Menschenwürde als ethische Maxime in der Sozialen Arbeit

Die Menschenwürde ist nach Art. 1 GG ein unantastbares und unveräußerliches Gut, das es zu schützen und zu achten gilt. Hinweise auf die Menschenwürde enthält auch das Sozialrecht, nach dem Menschen in Notlagen die Güter und Dienstleistungen bekommen, die für ein der Würde des Menschen gemäßes Leben erforderlich sind. Die Achtung der individuellen Menschenwürde wird nicht durch bestimmte Leistungen erworben, sie steht jedem Menschen uneingeschränkt zu. Ideengeschichtlich basiert die dem Menschen zugeschriebene Würde auf seiner Gottebenbildlichkeit. „Als Gottes Kind und Ebenbild besitzt er absoluten Wert, wodurch er sich von den übrigen Kreaturen unterscheidet" (Wetz 1998, 24). Die theologische Wurzel der Menschenwürde reicht nicht aus, um ihre aktuellen Konturen zu umreißen. Die Menschenwürde wird heute als ein Gestaltungsauftrag verstanden. In der Realisierung der Menschenwürde kommt es besonders darauf an, den anderen sein eigenes Leben führen zu lassen und ihm im Bedarfsfall beizustehen (Wetz 1998).

Beide Konsequenzen der Menschenwürde sind für Patienten im Krankenhaus relevant. Krankheit des anderen berechtigt nicht, ihm vorzuschreiben, wie er zu leben hat. Lebensstile wie Rauchen, Bewegungsmangel und Stress mögen schädlich sein, der Patient kann darüber aufgeklärt, aber er darf nicht genötigt werden, seine Gewohnheiten gegen seinen erklärten Willen aufzugeben. Wenn die Hilfebereitschaft davon abhängig gemacht wird, dass der Patient vorgeschriebene Verhaltensweisen übernimmt, wird seine Würde nicht respektiert.

In der Auslegung der Menschenwürde durch das Bundesverfassungsgericht ist der Mensch kein isoliertes souveränes Wesen, sondern von der Gemeinschaft geprägt, die seinen Eigenwert allerdings nicht antasten darf. Beschränkungen der Handlungsfreiheit des Menschen im Interesse der Förderung des Zusammenlebens mit anderen müssen mit seiner Eigenständigkeit vereinbar sein. Das Grundgesetz setzt implizit auf die humanisierende Kraft von Bildung und Aufklärung (Häberle 2001). „Würde kommt demnach jedem Menschen zu, weil er ein individuelles sittliches Subjekt, d. h. ein Wesen ist, dem das Vermögen zukommt, sich in Freiheit durch Vernunft zum Handeln zu bestimmen, dem folglich seine Handlungen zugeschrieben werden können, das Verantwortung und Pflichten übernehmen, sein Leben entwurfsoffen gestalten und Interessen verfolgen kann" (Baumgartner et al. 1998, 187).

In den Grundrechten finden wir die Voraussetzungen, die für ein selbstbestimmtes Leben ausschlaggebend sind. Für den Krankenhausbereich ist Art. 2 Abs. 2 bedeutsam, nach dem jeder das Recht auf Leben und körperliche Unversehrtheit hat. Die Achtung vor der körperlichen Integrität des Patienten verlangt u. a., dass keine Maßnahmen gegen seinen Willen eingeleitet werden und dass er in die Lage versetzt wird, sich für oder gegen medizinische und soziale Behandlungsschritte bewusst zu entscheiden. Der Patient würde instrumentalisiert werden, wenn wir diese Voraussetzungen nicht schaffen. Die Achtung der Menschenwürde verbietet es, den anderen zum Objekt – auch unserer Fürsorge – zu degradieren.

Wie groß die Gefahr ist, Menschen zu verdinglichen, zeigt die philosophische Auseinandersetzung mit diesem Thema durch Martha Nussbaum (2002). Danach wird ein Mensch instrumentalisiert, wenn er als Objekt behandelt wird, das unseren Zwecken dient, wenn seine Autonomie und seine Handlungsfähigkeit geleugnet werden, wenn er so behandelt wird, als sei er austauschbar, und wenn seine Verletzbarkeit und Grenzen nicht respektiert werden. In der Behandlung von Patienten geraten wir häufig in Situationen, die das Risiko einer Verdinglichung beinhalten. So werden möglicherweise Operationen durchgeführt, die mehr dem Ruhm der Klinik als dem Wohl des Patienten dienen, Patienten werden als „die Galle in Zimmer 5“ wahrgenommen oder die Intimsphäre des Patienten, die im Krankenhaus ohnehin drastisch reduziert ist, wird, über das unvermeidliche Maß hinausgehend, missachtet.

Die Würde des Menschen zu achten besteht im Krankenhaus nicht nur darin, optimale Behandlungen durchzuführen. Der Mensch ist auch darauf angewiesen, mit seinen Begrenzungen wahrgenommen zu werden. In der Hochleistungsmedizin gerät dieser Aspekt zu kurz. Bei Höffe (2002, 162) heißt es hierzu: „Operationen und Arzneimittel genügen nicht; der Patient braucht auch Hilfe bei der Aufgabe, schwere Krankheiten und Leiden auszuhalten und ihnen, zumal wenn sie länger andauern, einen gewissen Sinn zu geben. Das sinnerfüllte Leben besteht keineswegs nur im Vollbringen großer Leistungen. Es zählt auch die Fähigkeit, mit Widerfahrnissen zurechtzukommen, insbesondere mit so einschneidenden wie Krankheiten, altersbedingten Gebrechen und dem Sterben: sowohl dem Tod nahe stehender Personen als auch schließlich seiner selbst.“

Mehrfach angesprochen wurde bereits, dass die Achtung der Würde des Patienten auch verlangt, seine Entscheidungen bzw. seinen Willen in Erfahrung zu bringen und bei allen Maßnahmen zu respektieren. Die

Autonomie des Patienten wird dann anerkannt, wenn sein informiertes Einverständnis zur Diagnostik, Therapie und zu Nachsorgemaßnahmen eingeholt wird. Dies setzt eine umfassende Aufklärung des Patienten voraus. Dabei muss sichergestellt sein, dass der Patient die Informationen verstanden hat, um eigene Entscheidungen treffen zu können. Die Realität ist in diesem Punkt ernüchternd. Nur wenige Patienten können ärztliche oder sozialarbeiterische Argumente angemessen überprüfen. Sie wissen nicht, ob sie vollständig informiert worden sind oder nur die Hinweise erhalten haben, die einer krankenhauskonformen Entscheidung dienlich sind. Kuhlmann (2001, 367) berichtet in diesem Zusammenhang auch, dass Patienten, die aus Angst oder Respekt oder auch aufgrund fehlender intellektueller Fähigkeiten keine Fragen stellen, häufig nur unzureichend aufgeklärt werden.

Der Bezug auf die Menschenwürde führt in der Sozialen Arbeit zum Empowerment, in dem die „Selbst-Bemächtigung" des Klienten eine dominierende Rolle spielt. Wie eng die Verbindung zwischen der Achtung der Menschenwürde und der Orientierung am Empowerment ist, zeigt die folgende Charakterisierung der Empowerment-Perspektive in der Sozialen Arbeit durch Herriger (2002, 70): „Will man den konzeptuellen Kern des Empowerment-Konzepts formulieren, so ist es vor allem dies: ein verändertes, optimistisch gestricktes Menschenbild, das die Wahrnehmung der Lebenswirklichkeit des Adressaten und die Entwürfe einer sensiblen alltagsorientierten Unterstützungspraxis durch die Soziale Arbeit anleitet. Mit seiner Betonung von Selbstorganisation und autonomer Lebensführung formuliert dieses Menschenbild eine radikale Absage an Metaphern der Schwäche, des Defizits und des Nicht-Gelingens … Im Zentrum stehen vielmehr seine (wenngleich oftmals verschütteten) Stärken und Fähigkeiten, auch in Lebensetappen der Hilflosigkeit und der Demoralisierung eine produktive Lebensregie zu führen und gestaltend die Umstände und Situationen des eigenen Alltags zu modellieren."

Die Ausrichtung an der Patientenautonomie ist für den Sozialarbeiter eine Conditio sine qua non für eine Praxis, die dem Schutz der Menschenwürde verpflichtet ist. Konkret heißt das, der Patient hat ein Recht auf Zustimmung und Ablehnung unserer Vorschläge über die Nachsorge und Rehabilitation. Voraussetzung dafür ist eine ausreichende Information des Patienten, die ihm auch Wahlmöglichkeiten verdeutlicht (Dallmann 2003, 445). Wir sollen nicht stellvertretend für den Patienten entscheiden, sondern möglichst seine Entscheidungsfähigkeit herstellen. Aus sozialethischer Sicht muss darauf geachtet werden, dass die Handlungsspielräume des Patienten durch die Institution so wenig wie möglich beschränkt werden.

Allerdings geht es an der Realität erheblich belasteter Patienten vorbei, wenn ausschließlich auf deren Entscheidungsautonomie insistiert wird. Der Wille des Patienten ist mitunter nicht erkennbar. In der Behandlung muss auch sein Wohlergehen angemessen berücksichtigt werden. Entscheidungen können den Menschen in schweren Lebenskrisen wie einer Krankheit überfordern. Eibach und Schaefer (2001, 24) erörtern das Spannungsfeld zwischen autonomen Beschlüssen von Patienten und der Entlastung durch geeignete Behandlungsarrangements. „Für Menschen, die langfristig krank und nicht selten stets auf Hilfe und oft auch die Entscheidungen anderer angewiesen sind, kann der Grad der gelebten Selbstverfügung über das eigene Leben nicht Maßstab für die Würde des Menschenlebens sein. Für ihr Leben ist es vielmehr entscheidend, inwieweit sie in ihrem Angewiesensein auf andere diesen vertrauen können und von ihnen als wertvolle Menschen gemäß ihrer von allen aufweisbaren Fähigkeiten unabhängigen und unverlierbaren Würde geachtet und behandelt werden." Die Autoren betonen, dass es Patienten in hochgradig belastenden Behandlungen vor allem darauf ankommt, den Ärzten vertrauen zu können, dass diese ihr Wohlergehen verfolgen. Die ethischen Grundlagen des sozialarbeiterischen Handelns im Krankenhaus bedeuten in dieser Lesart auch, dass wir neben unserer fachlichen Aufgabe eine persönliche Verantwortung für das Wohl des Patienten übernehmen. Was Verantwortung bedeutet, ist Gegenstand des folgenden Abschnitts.

7.4 Verantwortung in der sozialen Praxis

Die Soziale Arbeit im Krankenhaus nimmt eine verantwortungsvolle Aufgabe wahr. Sozialarbeiter gehen in diesem Arbeitsfeld häufig mit Menschen um, die an biografischen Wendepunkten stehen, etwa wenn sie sich für eine Heimaufnahme oder eine gefährliche Operation entscheiden müssen. Ethische Reflexionen tragen zu einem reflektierten Umgang mit unserer Verantwortung bei. Sie helfen auch, Fehlhaltungen des Sozialarbeiters wie das „burning out" oder das „cooling out" zu verhindern.

Verantwortung bedeutet, dass die Sphäre des Individuums überschritten wird, denn zur Verantwortung gehören wenigstens zwei Personen. „Ich bin einem anderen verantwortlich für mein Tun und Lassen, und zwar deswegen, weil dieser andere in irgendeiner Weise ein Recht an mir hat“ (Schulz 1993). Schwierigkeiten bei der Einlösung meiner Verantwortung entstehen dann, wenn mein Handeln nicht eindeutigen Spielregeln folgt, sondern individuell zu verantwortende Beschlüsse verlangt. Die darin angelegten Spannungen hat Max Weber veranlasst, zwischen Gesinnungs- und Verantwortungsethik zu unterscheiden. Eine gesinnungsethische Entscheidung folgt ausschließlich den moralischen Pflichten, die der Handelnde übernommen hat. Ihn interessieren nicht die möglichen Konsequenzen seiner Handlungen. Anders der Verantwortungsethiker, der immer auch die absehbaren Folgen seiner Aktionen bei seinen Entschließungen einkalkuliert (Kaufmann 1992).

In Bezug auf die beiden Beispiele, die ein ethisches Dilemma offenbart haben, ergeben sich neue Perspektiven vor dem Hintergrund der ethischen Reflexionen. Zunächst zur Sondenernährung: Gesinnungsethisch ist der Fall eindeutig, die Patientin hätte an der Entscheidung aktiv beteiligt werden müssen. Die Ablehnung der Sonde durch die Patientin müsste dann respektiert werden. Verantwortungsethisch ist der Fall längst nicht so eindeutig zu beantworten. Wenn der Arzt davon ausgeht, dass eine ausreichende Zufuhr von Nahrung und Flüssigkeit im hektischen Stationsalltag ohne Sonde nicht gewährleistet ist und viele alte Menschen gerade deswegen unterernährt sind und unter Flüssigkeitsmangel leiden, erscheint seine Anordnung in einem völlig anderen Licht.

Zum zweiten Beispiel: Gesinnungsethisch hat der Sozialarbeiter keinen Spielraum, er darf die Einverständniserklärung zur Heimaufnahme nicht gegen den für ihn eindeutigen Willen der Patientin, trotz der angebotenen Hilfe durch den Arzt, auf den Weg bringen, wenn dadurch die Verlegung nur verzögert wird. Die institutionellen Zwänge suspendieren die ethischen Überlegungen nicht. Auch verantwortungsethisch bestehen eindeutige Grenzen. Würde der Sozialarbeiter die Heimaufnahme betreiben, verstieße er gegen rechtliche Bestimmungen, denn nur die Patientin darf bis zur richterlichen Feststellung des Gegenteils ihren Aufenthaltsort anordnen, daran ändert auch die Erkrankung nichts. Die Folgen einer Verlegung wären ein Verstoß gegen geltendes Recht und müssen bei der Entscheidung berücksichtigt werden.

Die Beispiele zeigen, dass ethische Abwägungen eine hohe praktische Bedeutung haben. Sie sorgen für eindeutigere Entscheidungen, vermögen aber nicht in Situationen mit Entscheidungsspielräumen in jedem Fall letzte Sicherheit zu geben. Kaufmann (1992, 24) spricht in diesem Zusammenhang von der Aufgabenverantwortung, die dann gegeben ist, wenn die angemessene Erfüllung einer Aufgabe nicht mit standardisierten Lösungen verbunden ist, sondern Handlungsspielräume bestehen. „Von Aufgabenverantwortung sei überall dort die Rede, wo es um die Erledigung bestimmter Aufgaben oder die Wahrnehmung umschriebener Kompetenzbereiche im Rahmen einer Organisation geht. Hier sind also die grundlegenden Organisationsentscheidungen bereits vorausgesetzt, die Verantwortung bezieht sich hier auf den Entscheidungsspielraum innerhalb weitgehend geklärter organisatorischer Vorgaben."

Entgegen der in der Sozialen Arbeit weit verbreiteten Annahme von Luhmann (1975, 141), nach der Hilfe in modernen Gesellschaften zu einer zuverlässig erwartbaren und standardisierbaren Leistung geworden ist, stehen wir in Situationen mit Ermessensspielräumen immer wieder vor dem Dilemma, nach welchen Kriterien wir Hilfe in welcher Form leisten oder auch qualifiziert verweigern.

Die Sozialarbeit im Krankenhaus erfüllt sowohl mit ihren Entscheidungsspielräumen als auch ihren institutionellen Rahmenbedingungen in allen Qualitäten die Voraussetzung für die Aufgabenverantwortung. Die Verpflichtung auf die Menschenwürde als ethische Maxime des fachlichen Handelns liefert eine elementare Grundlage, um der Verantwortung gerecht werden zu können. Zur Wahrnehmung von Verantwortlichkeit hält Kaufmann (1992) drei Fähigkeiten für unabdingbar.

- Zum einen handelt es sich um *kognitive Fähigkeiten*, die eine differenzierte Aufgabenwahrnehmung ermöglichen. Auf dieser Ebene sensibilisiert die Menschenwürde für Aspekte in der Fallwahrnehmung, die leicht aus dem Blick verloren gehen.
- Zweitens werden *moralische Fähigkeiten*, die in Situationen mit einem hohen Maß an Selbstkontrolle und Selbstverpflichtung erforderlich sind, erwähnt. Die Menschenwürde liefert für diesen Teil der Verantwortung vielfältige Anregungen und Verpflichtungen, auf die ausführlich hingewiesen wurde.
- Drittens spielen *kommunikative Fähigkeiten*, die benötigt werden, um das Vertrauen Dritter zu gewinnen und sie von Entscheidungen zu überzeugen, eine Rolle. Diese werden auch gebraucht, wenn Resolutionen und Handlungen gerechtfertigt werden müssen. Ohne Zweifel erhöht sich die persönliche Glaubwürdigkeit in der Kommunikation, wenn Beschlüsse und Handlungen ethisch motiviert sind und nicht unter dem Verdacht stehen, nur der Institution oder dem eigenen Vorteil zu dienen.

Abschließend folgen Überlegungen zur Ethik in der Praxis der Patientenversorgung.

7.5 Ethik im Krankenhaus

Die komplexen ethischen Probleme in der Krankenhausbehandlung haben inzwischen dazu geführt, dass einige Kliniken Ethikprojekte in ihren Häusern etabliert haben. Wehkamp (2003, 10f) berichtet über entsprechende Initiativen im Klinikum Nürnberg und im Landesbetrieb der Krankenhäuser in Hamburg. Nach seiner Beobachtung beziehen sich die Erwartungen an Ethikprojekte zum einen auf einen wertschätzenden Umgang unter den Mitarbeitern und zum anderen auf einen würdevollen Umgang mit den Patienten.

Hinsichtlich der Patientenversorgung, die hier im Mittelpunkt steht, sind die ethische Fallbesprechung (s. u.) oder das Ethikkonsil bedeutsam. Diese Instrumente sollen dazu beitragen, schwierige Fragen zu klären, die immer dann auftreten, wenn entschieden werden muss, welche Behandlung angemessen ist oder wie der Spagat zwischen wirtschaftlichen Grenzen und Patientenwünschen bewältigt werden kann.

Im Ethikkode des Klinikums Nürnberg (2003, 1) werden beispielsweise ethische Grundsätze für den Umgang mit Patienten formuliert. Dort heißt es. „Entsprechend dem Nürnberger Ärztekodex von 1947 steht der Patient im Mittelpunkt aller Dienstleistungen. Die Beachtung ethischer Grundsätze soll sicherstellen, dass die Patienten/-innen des Klinikums Nürnberg stets mit höchster Fachkompetenz behandelt und betreut werden. Die ethische Selbstverpflichtung und Reflexion sollen verdeutlichen, dass jede Intervention am Patienten in einem Spannungsfeld von widerstreitenden ethischen Prinzipien (z. B. bei der Entscheidung über lebensverlängernde Maßnahmen) stehen kann. Auch zwischen medizinischen und ökonomischen Gesichtspunkten sind Spannungen unvermeidbar. Sie müssen in jedem Einzelfall individuell und kooperativ ausgetragen werden. Wirtschaftlichkeit und Ethik sind dabei kein Gegensatz. Vielmehr dient der möglichst effiziente und effektive Umgang mit Ressourcen auch der möglichst optimalen Patientenversorgung.“ Aus diesen Grundsätzen leiten sich konkrete Verhaltensvorgaben für den Umgang mit Patienten und Patientinnen ab. Hierzu zählen u. a. die Gleichbehandlung, die Würdigung des Einzelfalls, die Achtung der Menschenwürde, die Aufklärung über Behandlungsmöglichkeiten und der Respekt vor der Privatsphäre.

Diese hohen Ansprüche setzen geeignete Strukturen voraus, in denen ethische Überlegungen behandlungswirksam werden können. Die von Steinkamp und Gordijn entwickelte ethische Fallbesprechung, die mittlerweile auch in einigen deutschen Kliniken eingesetzt wird, ist ein probates Instrument zur Umsetzung ethischer Standards im klinischen Alltag. Steinkamp und Gordijn (2003)unterscheiden drei Formen der ethischen Fallbesprechung. Neben der Nimwegener-Methode, deren Fragenkatalog auf der Homepage des Verlags www.reinhardt-verlag.de zu finden ist, stellen sie die Hermeneutische Fallbesprechung und das Sokratische Gespräch vor. Beispielhaft sei hier kurz die Nimwegener-Methode skizziert, um einen Einblick in die Arbeitsweise zu vermitteln.

Die **Nimwegener-Methode** der ethischen Fallbesprechung nach Steinkamp und Gordijn (2003, 235) ist indiziert, wenn in einer problematischen Situation eine Entscheidung getroffen werden muss. Zunächst wird die Ausgangsfrage konkret formuliert, um die Suche nach einer tragfähigen ethischen Antwort zu ermöglichen. Die folgenden vier Schritte bestimmen den Ablauf der ethischen Fallbesprechung:

„1. die Bestimmung des ethischen Problems;
2. die Analyse der medizinischen, pflegerischen, sozialen, weltanschaulichen und organisatorischen Fakten;
3. die Bewertung und Entwicklung von Argumenten aus dem Blickwinkel ethischer Normen;
4. die Beschlussfassung einschließlich der Zusammenfassung der wichtigsten Gründe, die zu ihr geführt haben."

Die Bearbeitung der vier Schritte der Nimwegener-Methode der ethischen Fallbesprechung basiert auf einem umfangreichen Fragenkatalog, der dazu dient, die Hintergründe der problematischen Entscheidungssituation auszuleuchten. Die Nimwegener-Methode der ethischen Fallbesprechung ist mehrperspektivisch angelegt. Soziale Arbeit sollte mit ihren Akzenten zum Gelingen der ethischen Fallbesprechung beitragen.

8 Geschichte der Sozialen Arbeit im Krankenhaus

Die Soziale Arbeit im Krankenhaus hat frühe Wurzeln, die in die Anfänge der professionellen sozialen Praxis zurückreichen (8.1). Wie in anderen Feldern auch, wurde die Soziale Arbeit in der Zeit des Nationalsozialismus für eine kriminelle Politik instrumentalisiert (8.2). In der Zeit nach 1945 erlebte die Soziale Arbeit eine allmählich stabilere Integration in die Krankenhausbehandlung, die nach 1972 auch zu gesetzlichen Regelungen geführt hat (8.3). Die Soziale Arbeit im Krankenhaus hat mit der Deutschen Vereinigung für den Sozialdienst im Krankenhaus einen Berufsverband in Leben gerufen, der ihr auch sozialpolitisches Gehör verschaffte (8.4). Die historischen Anmerkungen werden mit kurzen Portraits über die weiblichen Pioniere der Sozialen Arbeit im Krankenhaus abgeschlossen (8.6).

8.1 Geschichtliche Entwicklung bis 1933

Die Soziale Arbeit hat seit ihren professionellen Anfängen gesundheitliche Probleme immer mit Armut und Benachteiligung in Verbindung gebracht (Homfeldt 2002, 319). Frühe Maßnahmen der Gesundheitsfürsorge richteten sich auf Säuglinge, Kleinkinder, Schüler, Schwangere und Wöchnerinnen. Im Mittelpunkt standen zunächst Erkrankungen wie Tuberkulose, Geschlechtskrankheiten, Alkoholismus, psychische Krankheiten und Behinderungen. Neben der Ausrichtung auf die individuellen Lebensgewohnheiten beachtete die Fürsorge im 19. Jahrhundert zunehmend auch hygienische Maßnahmen und sanitäre Probleme.

Die Gesundheitsfürsorge und Sozialhygiene richtete sich nach dem Verhalten und den Lebensverhältnissen der Menschen in benachteiligten Lebenslagen (Sachße 2003, 59f). In diesem Rahmen steht auch die Entfaltung der Sozialen Arbeit im Krankenhaus.

Ende des 19. Jahrhunderts begannen in mehreren Ländern einzelne Personen mit ehrenamtlicher sozialhelferischer Arbeit in Krankenhäusern. Es waren hauptsächlich Frauengruppen, die sich engagierten, wie die 1893 in Berlin gegründeten „Mädchen- und Frauengruppen für soziale Hilfsarbeit“ (Reinicke 1998). Hintergrund für diese Entwicklung war die Erkenntnis, dass ein Patient neben ärztlicher und pflegerischer Hilfe auch Hilfen in Notsituationen des Lebens benötigt (Weber-Falkensammer 1983, 23f). Zu dieser Zeit veränderte sich auch das Bild von Krankheit. „Krankheit war nicht mehr nur Schicksal“ (Reinicke 1998). Durch die Fortschritte der Medizin konnten Krankheiten erfolgreicher behandelt werden.

Der Aufbau der Krankenhausfürsorge steht in engem Zusammenhang mit den Folgen der industriellen Entwicklung. Dic soziale Fürsorge hattc u. a. den Auftrag, in Ergänzung zur medizinischen Behandlung den Patienten materielle und soziale Hilfestellungen zu vermitteln, damit sie ihre Arbeit wieder aufnehmen konnten. Viele Menschen zogen in die Städte, da es dort Arbeit gab. Die beengten Wohnverhältnisse der Städte bildeten den Nährboden für Krankheiten wie Tuberkulose (Salomon 2002, 418). Diese Veränderungen erforderten eine Anpassung der Versorgungsstrukturen. Es wurden gesetzliche Rahmenbedingungen geschaffen, die einer breiten Bevölkerungsschicht den Zugang zu medizinischen Leistungen ermöglichten. Deutschland führte als erstes Land eine umfassende Gesetzgebung zur Sicherung der Arbeitnehmer ein, u. a. das Gesetz zur Krankenversicherung der Arbeiter 1883 (Glatzel/Mehs 1978). Dies schloss die Versorgung im Krankenhaus ein. Die Zahl der Krankenhäuser nahm zu Beginn des 20. Jahrhunderts rapide zu.

Die ehrenamtlich tätigen Frauen führten kulturelle Veranstaltungen durch und sprachen mit den Kranken. Im Rahmen dieser Tätigkeit wurde ein Bedarf an sozialer Unterstützung deutlich, der spezifische

Tab. 3: Entwicklung der Krankenhäuser von 1877 bis 1916 (Reinicke 1998)

Jahr	**1877**	**1916**
Anzahl der Krankenhäuser	1.800	4.300
Anzahl der Krankenhausbetten	72.000	310.000

Kenntnisse erfordert. „Die in den Krankenhäusern wirkenden Mädchen erkannten, daß sie ihre Aufgabe nur durch zusätzliche, fachliche Unterweisungen zufriedenstellend bewältigen konnten“ (Reinicke 1998). In den Frauenvereinen engagierten sich gesellschaftlich anerkannte Persönlichkeiten mit guten Verbindungen zu einflussreichen Kreisen der Politik, Wissenschaft und Verwaltung. Dieser Status war sehr hilfreich, um die Aufmerksamkeit auf die sozialen Probleme von Patienten zu lenken (Glatzel/Mehs 1978).

Der Durchbruch zur Institutionalisierung von Sozialdiensten in Krankenhäusern gelang 1913, zunächst in Berlin (DVSK 2001). Krankenhäuser anderer deutscher Städte folgten dem Beispiel Berlins. 1917 begannen Frauen in Breslau und Hamburg mit der sozialen Betreuung der Patienten (DVSK 2001). Bis 1926 waren die sozialen Dienste in vielen größeren Krankenhäusern in unterschiedlicher Trägerschaft vorhanden. Am 25.10.1926 wurde die „Deutsche Vereinigung für den Fürsorgedienst im Krankenhaus“ gegründet. Zu den Gründungsmitgliedern gehörten u. a. Vertreter von Krankenhäusern, Wohlfahrtsverbänden und der Politik (Reinicke 1998). Der Verein setzte sich das Ziel, nationale und internationale Erfahrungen in der sozialen Betreuung von Kranken zu sammeln und diese zu verbreiten (DVSK 2001). Der Ausbau der Sozialdienste in Krankenhäusern erfolgte zügig. 1926 waren bereits in 35 Städten Fürsorgedienste eingeführt. Bis 1929 erhöhte sich die Zahl auf 97 Städte (Glatzel/Mehs 1978).

Mit dem Machtantritt der Nationalsozialisten veränderte sich auch die Arbeit der Krankenhausfürsorge. Der Verband wurde in die Nationalsozialistische Volkswohlfahrt integriert. Nichtarische oder sozialistische Mitglieder des Vorstands mussten zurücktreten (Reinicke 1998). Mitglied in der Vereinigung konnte jeder Deutsche mit arischer Abstammung werden (Reinicke 1994).

Nach Ende des 2. Weltkriegs wurde der Verband von den Alliierten aufgelöst und 1949 als „Deutsche Vereinigung für den Fürsorgedienst im Krankenhaus“ wieder gegründet.

Trotz der langen Tradition der Krankenhausfürsorge, stagnierte nach dem 2. Weltkrieg der Ausbau der Sozialdienste in den Krankenhäusern über viele Jahre. Erst in der Zeit nach 1970 erfuhr der Sozialdienst durch die größere Bedeutung der Nachsorge und die strukturierte Einführung von Rehabilitationsmaßnahmen nach einem Krankenhausaufenthalt einen Aufschwung (Hillers 1994). In dieser Zeit wurde erstmalig auch ein gesetzlicher Rahmen für die Einrichtung von Sozialdiensten geschaffen.

Grundlage für die Einrichtung von Fürsorgediensten für Kranke war die Erkenntnis, dass ärztliche Behandlung erst durch eine nachsorgende Fürsorge wirksam wird. „Ein Arzt kann den Gesundheitszustand eines Menschen beurteilen, er weiß so gut wie nichts über die Lebensverhältnisse. Diese Aspekte sind aber für eine erfolgreiche Behandlung wichtig, deshalb braucht der Arzt an seiner Seite einen sozialen Arbeiter" (Salomon 2001, 418). In der Presseerklärung anlässlich der Einrichtung der ersten Dienste der Sozialen Krankenhausfürsorge in Berlin heißt es:

> „Die in der Wohlfahrt erfahrenen Frauen werden (...) die Krankenstationen besuchen, um von den Patienten zu erfahren (...), ob durch ihre Krankheit die Lebensverhältnisse ihrer Familien so beeinflusst sind, daß eine soziale Fürsorge nötig ist, oder ob für sie selbst beim Verlassen des Krankenhauses irgendeine besondere Hilfe (...) erforderlich ist" (Reinicke 1998, 37).

Als mögliche Hilfen wurden genannt: Vermittlung einer neuen Arbeitsgelegenheit, Beschaffung von Pflegehilfsmitteln, Erholungsaufenthalt, Unterbringung von Kindern und andere familiäre Unterstützung (Reinicke 1998).

Hervorzuheben ist, dass die Einrichtung von Stellen zur sozialen Betreuung von Kranken auch in Deutschland von Ärzten vorangetrieben wurde. So begründete Bohnenkamp, Direktor der Medizinischen Uniklinik Freiburg, 1935 die Erweiterung der klinischen Aufgaben durch soziale Krankenhausfürsorge: „Was nützt es, innerhalb von drei Wochen einen schwerringenden Herzkranken in der Klinik in oft sehr eindrucksvoller Weise zu entwässern, (...) wenn er, kaum entlassen (...), erneut mit einer Dekompensation in die Klinik eingewiesen wird?" (Bohnenkamp 1935, 419f).

Neben der Betreuung von Menschen in wirtschaftlicher Not und der Unterbringung von Obdachlosen bildeten nach Schilderungen von Sofie Latte, Fürsorgerin in einem Hamburger Krankenhaus, Hilfsangebote für Menschen nach einem Suizidversuch einen Schwerpunkt (Reinicke 1998).

Schon in den Anfängen wurde der wirtschaftliche Nutzen der Sozialdienste in der Verkürzung der Aufenthaltszeit gesehen. Die Einbeziehung des Sozialdienstes in die Entlassvorbereitung und die Verlegung der Patienten wurde als wichtiger Schritt zur Kostenersparnis betrachtet (Reinicke 1998). Dieser Effekt konnte auch nachgewiesen werden.

Der Zusammenhang von seelischer, sozialer Situation und Genesung war bekannt. Der Sozialdienst kümmerte sich um das seelische Befinden des Kranken, der von wirtschaftlichen Sorgen belastet ist, was das körperliche Leiden stark beeinflusst. Die Sozialarbeiterin stellte die Verbindung zwischen Patient, Familie und Krankenhaus her.

„Könnte der Sozialdienst die häuslichen Sorgen der Krankenhauspatienten bannen, so wird die Heilung aus psychischen Gründen schneller vorwärts schreiten, und eine frühere Entlassung aus dem Krankenhaus ist die Folge, was im Interesse des Freiwerdens neuer Plätze dringend erwünscht ist" (Reinicke 1998).

8.2 Die Rolle der Sozialdienste im Nationalsozialismus

Die Ziele der Nationalsozialisten in der gesundheitlichen Versorgung der Bevölkerung stießen bei den Sozialarbeiterinnen im Krankenhaus durchaus auf Zustimmung. Die neuen Gesetze wurden als Aufbruch bewertet. Dies wird in einem Aufsatz der Vorsitzenden der Deutschen Vereinigung für den Fürsorgedienst im Krankenhaus, Anni Tüllmann, deutlich, der 1934 veröffentlicht wurde (Reinicke 1998). Der Sozialdienst hatte eine wichtige Rolle in der Erbgesundheitspflege. „Bei der Auswahl von Schwachsinnigen zur Sterilisierung sollte der Sozialdienst den Anstaltsleiter durch Ermittlungen unterstützen" (Reinicke 1998). Aufgabe der Sozialarbeiterin war auch „die dringend notwendige Aufartung es deutschen Volkes" (Reinicke 1998). Deshalb sollten die Sozialarbeiterinnen im Krankenhaus auf arische, gesunde Frauen einwirken, weitere Kinder zu gebären.

Die Bekämpfung der Tuberkulose war eine wichtige Obliegenheit, doch nicht jeder Kranke sollte Hilfe erhalten. Neben der Aussicht auf den Erfolg einer Maßnahme, z. B. eines Heilverfahrens, musste auch die Erbgesundheit des Kranken geprüft werden. Einen Schwerpunkt bildete die Erholungsverschickung von Müttern über das „Hilfswerk für Mutter und Kind", unter Beachtung nationalsozialistischer Grundsätze der Gesundheitspolitik (Reinicke 1998).

Mit Ausbruch des 2. Weltkriegs veränderten sich die Aufgaben der Sozialdienste. Sie wurden zur Betreuung von Soldaten in Lazaretten eingesetzt, sie kümmerten sich auch um deutsche Rückwanderer aus den verschiedenen Regionen Europas. Die Rolle der Krankenhausfürsorgerinnen und ihres Verbands während der Zeit des Nationalsozialismus wurde erstmalig von Reinicke (1998) ausführlicher beleuchtet. Eine kritische Auseinandersetzung ist bisher aber nicht erfolgt.

8.3 Die Zeit nach 1945

Viefhues weist darauf hin, dass bis in die Nachkriegsjahre nach Ende des 2. Weltkriegs Sozialarbeit insbesondere den Auftrag hatte, die materielle Grundversorgung der Patienten sicherzustellen. „Der Wandel der Krankenhausfürsorge als einer vorwiegend materielle Grundbedürfnisse befriedigenden Einrichtung zur Krankenhaussozialarbeit als einer die Gesamtheit psychosozialer Probleme und rehabilitativer Maßnahmen des Krankenhauspatienten angreifenden Institution geschah im Kontext der Gesamtentwicklung sowohl der Sozialarbeit wie auch der Medizin und des Sozialen Rechtes“ (Mehs 1986) Magret Mehs umriss die Bedingungen der Neuanfänge nach dem Krieg.

„Die Aufbruchjahre nach dem 2. Weltkrieg sind gekennzeichnet durch ungeheure Entwicklungsprozesse und Wandlungen im gesamten Sozial- und Gesundheitswesen, durch tiefgreifende Veränderungen in den inneren Strukturen des Krankenhauses und in seinem Finanzierungssystem, durch Entstehung neuer Berufe im Dienste der Gesundheit und nicht zuletzt auch durch fundamentale Veränderungsprozesse im eigenen Beruf von der Fürsorge alten Stils zur modernen Sozialarbeit" (Mehs 1986, 23).

In einem Bericht anlässlich des Jubiläums „80 Jahre Sozialarbeit in Hamburger Krankenhäusern“ werden weitere Merkmale genannt. „Ein Kennzeichen der Sozialarbeit im Krankenhaus nach dem Krieg ist sicherlich aus dem doppelten Mandat der Sozialarbeiterinnen herauszuinterpretieren“ (Sozialpädagogischer Fachdienst 1997, 7). Gemeint ist damit die Berücksichtigung sowohl von Patienteninteressen als auch die der Organisation Krankenhaus. Es wurden außerklinische Einrichtungen der Pflege, Rehabilitation und Beratung geschaffen. Sozialarbeit wurde die Aufgabe übertragen, die Vermittlung an diese Einrichtungen vorzunehmen. Die Institutionalisierung auf der einen und die weitere Spezialisierung der Medizin auf der anderen Seite veränderte das Bild der Sozialarbeit. Soziale und seelische Bedingungen spielten im Arbeitsalltag der Sozialarbeiterinnen eine geringere Rolle, der medizinische Fortschritt hatte diese Themen weitgehend verdrängt, Heilung erschien ohne Beachtung dieser Aspekte möglich. Die Einrichtung von Versorgungsstrukturen vermittelte das Bild eines funktionierenden Systems, auf das ohne Eingehen auf die Bedingungen im Einzelfall verwiesen werden kann. Die Sozialarbeit bildete das Scharnier zu teilweise sehr komplexen außerklinischen Versorgungs- und Betreuungssystemen und nicht zum sozialen und familiären Umfeld.

8.4 Die Entwicklung der Deutschen Vereinigung für den Sozialdienst im Krankenhaus nach 1945

Der nach Ende des 2. Weltkriegs von den Alliierten aufgelöste Verband wurde am 29.07.1949 neu gegründet. Die Ziele der Vereinigung knüpften an denen vor 1933 an. Zentrale Anliegen waren:

- Förderung der Professionalität der Mitglieder
- Öffentlichkeitsarbeit und sozialpolitische Einflussnahme

Über viele Jahre waren es Vertreter der Medizin oder anderer Verbände, die als Vorsitzende den Verband repräsentierten. Mit Margret Mehs übernahm 1975 erstmalig eine Sozialarbeiterin den Vorsitz des in Deutsche Vereinigung für den Sozialdienst im Krankenhaus umbenannten Verbandes (DVSK 2001). Durch die Einbeziehung von Persönlichkeiten anderer Fachbereiche waren Aufgaben, Ziele und Vorgehen der Sozialen Arbeit maßgeblichen Stellen bekannt. Die sozialpolitische Einflussnahme der Sozialen Arbeit verbesserte sich. Dies änderte sich in den Jahren nach 1975.

Mit Rörig schied 2001 der letzte Vertreter einer anderen Fachgruppe aus dem Vorstand aus. Mehs appellierte 1998 eindringlich, zu dem Brauch zurückzukehren, Experten verwandter Bereiche wieder in den Vorstand aufzunehmen.

„Deren Erfahrungen und – nicht zu unterschätzen, deren sozialpolitischer Einfluß, deren vielseitige Überlegungen und ganz praktische Hilfestellungen haben wesentlichen Anteil an der erfreulichen Entwicklung bis zum heutigen Tag" (Mehs 1998, 28).

In die Amtszeit von Magret Mehs fallen wesentliche Ereignisse, u. a.:

- Verankerung des Sozialdiensts in mehreren Landeskrankenhausgesetzen
- Aufbau der Sozialarbeit in den Rehabilitationskliniken

Das fehlende Engagement von Experten anderer Bereiche des Gesundheitswesens innerhalb der Verbandsgremien forderte von den Verantwortlichen, die Lobbyarbeit neu zu gestalten. Die Fürsprecher und Multiplikatoren saßen nicht mehr in den eigenen Reihen, es mussten neue Verbindungen hergestellt werden. Deutliche Erfolge stellten sich erst zu

Beginn des neuen Jahrtausends ein. So wurde die Vereinigung bei der Entwicklung des Sozialgesetzbuchs IX als Experte gehört. Die verstärkte Öffentlichkeitsarbeit und Einflussnahme wurden in zahlreichen Veröffentlichungen und Stellungnahmen zu Entwicklungen im Gesundheitswesen deutlich. Dadurch wurden andere Verbände und Institutionen auf den Fachverband aufmerksam. Es entstanden Kontakte zu Fachzeitschriften anderer Bereiche des Gesundheitswesens, die Beiträge zu Themen der Krankenhaussozialarbeit publizieren. Auch bestehen enge Kontakte zu Sozialverbänden und zum Hochschulsektor.

Die Fachzeitschrift der Vereinigung hat sich in den letzten Jahren stark gewandelt. Aus dem Mitteilungsblatt wurde 1997 das „Forum Krankenhaussozialarbeit" und 2004 das „Forum Sozialarbeit + Gesundheit". Die Fachzeitschrift ist ein wichtiger Bestandteil der Verbandsarbeit. Ihr Spektrum reicht von Fachbeiträgen bis zu verschiedenen Informationen zu relevanten Themen des Verbands und des Arbeitsfelds (Gödecker-Geenen 2001, 35). Darüber hinaus bietet die Homepage des Verbands (Internetadresse: www.dvsg.org) die Möglichkeit, Informationen zu streuen.

Um die vielfältigen Aufgaben bewältigen zu können, ist die Vereinigung auf Förderer angewiesen. Schon Tüllmann und Landsberg hatten ein Sponsoring-Konzept. Sie gründeten dazu ein Werbekomitee und einen Ehrenausschuss. Damals waren es Persönlichkeiten aus verschiedenen Feldern der Wirtschaft, die sich engagierten (Reinicke 2001). Die Förderer von heute sind überwiegend Vertreter von Einrichtungen des Gesundheitswesens.

Die Aktivitäten zur Professionalisierung Sozialer Arbeit im Krankenhaus wurden den veränderten Bedingungen angepasst. Tradition haben die Basisseminare für Neueinsteiger in das Arbeitsfeld. Aufgrund der Zunahme von Neumitgliedern aus dem Sektor Rehabilitation wurde auch dafür ein Fortbildungskonzept entwickelt. Für beide Felder werden inzwischen Aufbaukurse angeboten.

1999 fand der erste Bundeskongress der Vereinigung statt, weitere folgten in 2001 und 2003. „Ziel dieser Kongresse ist, die relevanten Themen des Arbeitsfelds im Rahmen einer Großveranstaltung zu bündeln und mit Fachvertretern zu diskutieren" (Gödecker-Geenen 2001, 36). Um die vielfältigen Themen des Arbeitsfelds bearbeiten zu können, wurden Fachbereiche und Projektgruppen eingerichtet. Deren Arbeitsergebnisse sind die Grundlage für Stellungnahmen und Positionspapiere des Fachverbands. Die Vereinigung hat auf verschiedene Weise die Professionalisierung des Arbeitsfelds vorangetrieben:

- Durchführung eines Forschungsprojekts zur Evaluation der Effekte Sozialer Arbeit im Krankenhaus
- Veröffentlichung von Fachbüchern
- Herausgabe einer Produktbeschreibung für Sozialarbeit im Krankenhaus
- Weiterentwicklung der Anhaltszahlen

Fast auf den Tag genau nach 77 Jahren begann für die Vereinigung eine neue Ära. Im Oktober 2003 beschloss die Mitgliederversammlung die Öffnung des Verbands. Aus der Deutschen Vereinigung für den Sozialdienst im Krankenhaus e.V. wurde die Deutsche Vereinigung für Sozialarbeit im Gesundheitswesen e.V. Angesprochen werden Sozialarbeiter aus den verschiedenen Feldern des Gesundheitswesens, z. B. in Beratungsstellen, Selbsthilfeverbänden, ambulanten Gesundheitszentren. Begründet wurde der Schritt mit den veränderten Rahmenbedingungen des Gesundheitswesens. Die neuen gesundheitspolitischen Programme, insbesondere die integrierte Versorgung, fördern das Überschreiten der Sektorengrenzen zwischen der akutstationären, rehabilitativen und ambulanten Versorgung.

8.5 Pioniere der Sozialen Arbeit im Krankenhaus

Der Aufbau der Sozialdienste in Krankenhäusern steht in engem Zusammenhang mit dem Wirken einzelner Persönlichkeiten. Da die soziale Krankenhausfürsorge aus Frauenvereinen entstand, sind es ausschließlich Frauen, die die Geschichte der sozialen Krankenhausfürsorge prägen. Männer sind erst seit den 70er-Jahren in den Krankenhaussozialdiensten vertreten und damit bislang ohne historischen Einfluss. Aus der Vielzahl aktiver Frauen ragen Einzelne durch langjähriges und erfolgreiches Wirken hervor.

Alice Salomon ist Wegbereiterin der Sozialarbeit, mit mehr als 240 Veröffentlichungen. Eines ihrer bekanntesten Werke ist das Lehrbuch „Soziale Diagnose“. Unter dem Vorsitz von Alice Salomon bildeten Vertreter verschiedener Vereine 1914 ein Komitee der Sozialen Krankenhausfürsorge. Das Komitee baute in den städtischen Krankenhäusern Berlins eine Krankenhausfürsorge auf. Bereits 1893 wurden erstmals Qualifizierungslehrgänge für Frauen, die im Krankenhaus ehrenamtlich tätig waren, angeboten. Daran war Alice Salomon maßgeblich beteiligt. 1908 gründete sie in Berlin die soziale Frauenschule und leitete damit die Professionalisierung der Sozialarbeit im Krankenhaus ein. In einem viel beachteten, in der „Deutschen Zeitschrift für Wohlfahrtspflege" 1925 veröffentlichten Aufsatz nimmt sie Stellung zur Entwicklung der sozialen Fürsorge und beschreibt die Bedeutung der sozialen Krankenhausfürsorge (Salomon 2001, 414f).

Zusammen mit Hedwig Landsberg führte **Anni Tüllmann** die Geschäfte der 1926 gegründeten Deutschen Vereinigung für den Fürsorgedienst im Krankenhaus. Nach dem politisch bedingten Ausscheiden von Hedwig Landsberg war sie ab 1933 alleinige Geschäftsführerin des Vereins. Sie unterstützte die gesundheitspolitischen Ziele der Nationalsozialisten und rief die Fürsorgerinnen auf, bei der Umsetzung der Ziele aktiv mitzuwirken.

Hedwig Landsberg war, zusammen mit Anni Tüllmann, treibende Kraft bei der Entstehung der ersten Sozialdienste in Berlin. Aufgrund ihrer jüdischen Abstammung musste sie ihre Funktion in der „Vereinigung für den Fürsorgedienst im Krankenhaus" nach der Machtergreifung der Nationalsozialisten aufgeben und emigrieren. Nach Ende des Krieges nahm sie 1945 ihre Tätigkeit als Krankenhausfürsorgerin in Heidelberg wieder auf. Nach Ende ihrer Berufstätigkeit 1951 übernahm sie mit 72 Jahren die Funktion der Geschäftsführung der Deutschen Vereinigung für den Fürsorgedienst im Krankenhaus. Sie starb 1967.

Margret Mehs ist Pionierin der Nachkriegszeit. Sie hat den Sozialdienst im Klinikum Mainz aufgebaut. 1971 wurde sie in den Vorstand der Deutschen Vereinigung für den Sozialdienst im Krankenhaus gewählt. 1973 übernahm sie die Geschäftsführung und 1975 den Vorsitz. Beide Funktionen hatte sie bis 1987 inne. Es ist der Verdienst von Frau Mehs, dass die Sozialdienste gesetzlich verankert wurden, wie dies zunächst in Rheinland-Pfalz der Fall war. Ihre Arbeit fand in vielfältiger Weise Anerkennung. So wurde sie 1974 vom Bundesgesundheitsminister auf Vorschlag der Deutschen Krankenhausgesellschaft als Delegierte der Bundesrepublik Deutschland in das Europäische Gesundheitskomitee des Europarats in Straßburg berufen (Rörig 1999, 2f). Margret Mehs starb am 29.06.1999.

9 Soziale Arbeit im Gesundheitswesen der Zukunft

Im abschließenden Kapitel wird die Rolle und die Position der Sozialen Arbeit im zukünftigen Gesundheitswesen betrachtet. Es werden Überlegungen zur Zukunft des Arbeitsfelds „Krankenhaus" dargestellt (9.1). Thematisiert wird das Spannungsfeld zwischen dem Anspruch einer intensiven psychosozialen Beratungsleistung und den Erfordernissen des Managements. Danach werden die Perspektiven für das Arbeitsfeld im Kontext der strukturellen Veränderungen im Gesundheitswesen (9.2) dargestellt. Vertieft werden neue Versorgungsmodelle wie die „Integrierte Versorgung" oder das „Disease-Management". Abschließend erfolgt eine Positionierung der Sozialen Arbeit im Hinblick auf die weitere Implementierung von psychosozialen Beratungs- und Betreuungsangeboten im zukünftigen Gesundheitswesen.

9.1 Die Zukunft Sozialer Arbeit in der Institution Krankenhaus

9.1.1 Der künftige Versorgungsbedarf

Die Ökonomisierung im Gesundheitswesen und im Krankenhaussektor erfordert auch von der Sozialen Arbeit geeignete Handlungsstrategien zur Bewältigung möglichst hoher Fallzahlen. Die Leistungen der Sozialen Arbeit beziehen sich zunehmend auf Tätigkeiten der Entlassungssteuerung. Die Zukunft der Sozialen Arbeit im Krankenhaus hängt entscheidend davon ab, ob Krankenhäuser auch weiter Wert darauf legen, dass die soziale Beratung der Patienten und die Vorbereitung der Entlassung fachlich qualifiziert erfolgen. Eine Soziale Arbeit, die auf die Vermittlung von Plätzen in Nachsorgekliniken, in Heimen oder von Pflegediensten reduziert wird, ist durch andere Professionen ersetzbar. Die Soziale Arbeit steht für die Ermittlung des individuellen Hilfebedarfs eines kranken Menschen und die Einleitung konkreter Hilfen. Die Soziale Arbeit ist insbesondere erforderlich für Personengruppen wie

- Alleinstehende mit einem hohen oder spezifischen Pflegebedarf,
- Patienten mit eingeschränkter Entscheidungsfähigkeit,
- Menschen, mit denen aufgrund ihrer Herkunft oder ihrer Erkrankung die Verständigung erschwert ist,
- Menschen in schwierigen sozialen oder persönlichen Verhältnissen.

Das persönliche Gespräch ist bei Patienten mit umfangreichem Abklärungsbedarf unerlässlich. Die Richtlinien des SGB IX bieten den gesetzlichen Rahmen, an dem sich die Soziale Arbeit ausrichten sollte. Das Sozialministerium Baden-Württemberg hat in einer Stellungnahme im Oktober 2003 bestätigt, dass die Soziale Arbeit an der Schnittstelle Krankenhaus einen wichtigen Beitrag zur Versorgung der Patienten leistet und dies qualifiziert zu erfolgen hat. „Nur durch ein sinnvolles Planen des Behandlungsweges der Patienten über den stationären Krankenhausaufenthalt hinaus kann ein optimaler Heilerfolg erzielt werden. Auch unter wirtschaftlichen Gesichtspunkten ist eine solche Organisation unter Einbeziehung des Patienten und/oder seiner Angehörigen unerlässlich“ (Landesregierung von Baden-Württemberg 2003). Krankenhäuser in den Zwängen der neuen Fallabrechnung setzen andere Prioritäten. Entscheidend sind schnelle Lösungen, mit oder ohne direkten Patientenkontakt oder nur telefonische Beratung. Soziale Arbeit, die sich eine solche Vorgehensweise zu Eigen macht, verwaltet und steuert Patienten auf der Grundlage im Krankenhaus bekannter oder ermittelter Daten, ohne Beachtung anderer wesentlicher, personenbezogener oder sozialer Faktoren. Die Soziale Arbeit im Krankenhaus hat Zukunft, wenn sie sich neu ordnet. Wichtige Merkmale dieser Neuorientierung sind:

- Beschreibung von Kernaufgaben, Schwerpunktbildungen
- Sozialdienst: ein multiprofessionell besetztes Team mit Sozialarbeitern und Vertretern anderer Berufsgruppen
- Darstellung des Nutzens Sozialer Arbeit für das Krankenhaus

9.1.2 Koordination des Entlassungsmanagements

Die Bedeutung der Sozialen Arbeit liegt in der Anamnese zur Ermittlung des Hilfebedarfs, aber auch vorhandener Ressourcen, der Motivation des Patienten, anstehende Maßnahmen, entsprechend seiner Möglichkeiten, selbst aktiv zu gestalten, sowie in der informierenden Überleitung an nachfolgende Institutionen der Rehabilitation oder der Pflege.

Da bestehende Defizite in der Ablauforganisation die Soziale Arbeit daran hindern können, die Entlassung qualitativ gut vorzubereiten, resultiert daraus auch ein organisationsbezogener Auftrag. Soziale Arbeit nimmt eine Führungsrolle bei der Einleitung von Maßnahmen ein, die eine Optimierung der Abläufe zum Ziel haben und die interdisziplinäre Zusammenarbeit fördern.

Patienten benötigen häufig psychosoziale Beratung bei der Bewältigung der Erkrankung und ihrer Folgen. Damit ist das Ziel verbunden, den emotionalen Leidensdruck zu lindern und neue Lebensperspektiven zu entwickeln (DVSK 2003). Sofern dies gelingt, steigt die Chance, dass der Patient an der Entwicklung von Hilfeplänen mitwirkt. Dies wiederum ist Voraussetzung für die Nachhaltigkeit eingeleiteter Hilfen. Ein weiterer Baustein ist eine Sozialanamnese, deren Ziel es ist, das Ressourcenpotenzial, bezogen auf die Person und ihr soziales Umfeld, zu analysieren und den Hilfebedarf danach auszurichten.

Eine auf Entlassmanagement basierende Soziale Arbeit ist primär daran interessiert, Einrichtungen zu finden, die Patienten übernehmen. Die Lösung wird dann den Patienten/Angehörigen präsentiert. Sie können dies zwar ablehnen, möglicherweise mit nachvollziehbaren Argumenten. Sie stehen dann vor der Wahl zwischen kurzfristiger Entlassung nach Hause oder Verbleib im Krankenhaus auf eigene Rechnung. Daran wird das Spannungsfeld deutlich, in dem sich die Soziale Arbeit gegenwärtig befindet. Dieses Dilemma kann nur durch den Aufbau neuer Versorgungsstrukturen am Krankenhaus oder in enger Abstimmung mit Kooperationspartnern im Bereich der Rehabilitation und Pflege entschärft werden.

Krankenhäuser müssen Patienten Alternativen bieten, beispielsweise in Form von Überleitungspflege, d. h. eine stationäre pflegerische Versorgung, bis die gewünschte Anschlussversorgung sichergestellt ist. Die Kernelemente der Sozialen Arbeit kommen in einer von Entlassmanagement dominierten Krankenhauslandschaft in anderer Weise als bisher zum Ausdruck. Notwendig sind auf die Institution einwirkende Interventionen. Dazu gehören insbesondere die Anpassung der internen Abläufe sowie die Anregung neuer Versorgungsstrukturen. Soziale Arbeit übernimmt dabei einen wichtigen Teil, da sie Aussagen zum Beratungs- und Betreuungsbedarf des Patienten machen kann. Soziale Arbeit muss sich in besonderer Weise um die Patienten kümmern, die von Ausgrenzung bedroht sind, die in schwierigen sozialen und wirtschaftlichen Situationen leben. Die Soziale Arbeit ist ein kommunikativer Beruf, der, bezogen auf die Zusammenführung verschiedener Berufsgruppen und

Institutionen, koordinierende und moderierende Funktionen übernimmt. Das zeigt auch das folgende Beispiel.

Der Soziale Dienst im Klinikum Konstanz hat alle Kooperationspartner innerhalb und außerhalb des Krankenhauses, die von den Auswirkungen der neuen Fallabrechnung betroffenen sind, zu einem Diskussionsforum eingeladen. Soziale Arbeit zeigt sich auf diese Weise als Initiator von Veränderungsprozessen und damit in einer für das Krankenhaus und für das Gesundheitswesen insgesamt neuen Qualität (DVSG 2004a, 30f).

9.1.3 Schnittstelle zwischen stationärer Behandlung und der nachsorgenden Betreuung

Mit der Einführung der neuen Fallabrechnung werden, so prognostizieren Fachleute, immer mehr Menschen nach dem stationären Aufenthalt auf Hilfen angewiesen sein. Diese Patienten brauchen Informationen, Beratung und Unterstützung bei der Einleitung notwendiger Hilfen durch Mitarbeiter des Sozialdienstes. Diese zusätzlichen Belastungen können nur durch Einbeziehung anderer Berufsgruppen und durch die Bildung von Schwerpunkten aufgefangen werden.

Die „Fälle" sind danach zu differenzieren, ob Informationsberatung ausreichend ist oder ob umfassende sozialarbeiterische Interventionen erforderlich sind. In der Regel können Sozialarbeiter auf keine sie unterstützenden Mitarbeiter zurückgreifen. Sozialarbeiter lösen deshalb das Problem oft selbst, die zusätzlichen Belastungen werden durch Verkürzung der Beratungszeiten kompensiert. Es führt kein Weg daran vorbei, die Krankenhausleitungen davon zu überzeugen, Bedingungen zu schaffen, die eine qualitativ gute Sozialarbeit ermöglichen. Der Erfolg ist davon abhängig, ob die daraus resultierenden Vorteile für das Krankenhaus nachvollziehbar sind. Dies kann nur gelingen, wenn die Soziale Arbeit ihren Auftrag anpasst. Gemeint ist damit nicht, die Erwartungen der Krankenhausleitung oder des Ärztlichen Dienstes einfach zu erfüllen.

Krankenhäuser sehen die Soziale Arbeit gegenwärtig als einen Dienst, der das Entlassmanagement steuert. Die Vermeidung von Entlassverzögerungen wird als ihr zentraler Auftrag angesehen. Erfüllt der Dienst diese Aufgabe, trägt er zum wirtschaftlichen Erfolg der Organisation bei. Dabei spielt die Qualität der Nachversorgung eine untergeordnete Rolle. Der Einsatz der Sozialen Arbeit wird auf Patienten konzentriert, die nur entlassen werden können, wenn eine ausreichende Anschlussversorgung vorhanden ist. Eine qualitativ gute Vorbereitung der Entlassung wird zukünftig Wettbewerbsvorteile mit sich bringen. Patienten bzw. deren Angehörige werden sich daran orientieren, in welcher Weise Krankenhäuser beraten und informieren. Auch Hausärzte werden der Qualität der Nachversorgung mehr Aufmerksamkeit schenken, da Mängel in der Entlassvorbereitung für sie zu Mehrarbeit führen.

Noch gravierender erscheint die mögliche zukünftige Steuerung durch Kostenträger, die, neben den Patienten selbst, in erster Linie von einer unzureichenden Nachsorge betroffen sind. Durch DRGs werden Drehtüreffekte begünstigt, die dazu führen dass Kosten in andere Leistungsbereiche verschoben werden. Der Regelung der Nachversorgungsorganisation wurde bisher zu wenig Beachtung geschenkt. Da es keine Richtlinien gibt, steht die Qualität der Nachversorgung infrage, und es ist zu befürchten, dass die Möglichkeiten der integrierten Versorgung nicht ausgeschöpft werden. Da eine funktionierende Vernetzung zwingend notwendig ist, sind schon bald Regelungen zu erwarten.

Auch die Beratung über Rehabilitationsmaßnahmen stellt einen Schwerpunkt in der Arbeit der Sozialen Dienste in Krankenhäusern dar. Die Tätigkeit wird bislang nur auf der Basis von Diagnosen abgehandelt. Wer z. B. einen Herzinfarkt hatte, wird zur Anschlussheilbehandlung angemeldet. Eine Differenzierung erfolgt nur hinsichtlich der Frage, ob aufgrund des Alters oder wegen eines schlechten Allgemeinzustands eine Anschlussheilbehandlung oder eine geriatrische Rehabilitation sinnvoll ist. Nach einem ganzheitlichen Medizinverständnis beginnt Rehabilitation bereits im Akutkrankenhaus und entscheidet sich nicht selten an der Schnittstelle zwischen Akut- und Rehabilitationsklinik. „Die Wahrnehmung der anwaltlichen Funktion in der Anfangssteuerung bewegt sich zwischen den Polen: mögliche Richtungen vorschlagen zu müssen, weil die Selbstständigkeit tatsächlich sehr eingeschränkt ist, und den Betroffenen in die Lage zu versetzen, selbst entscheiden zu können“ (Nau 2001). Patienten und Angehörige haben in der Konfrontation mit ihrer Krankheit und den daraus resultierenden Einschränkungen erheblichen Unterstützungsbedarf. Sie kennen weder die rehabilitativen Möglichkeiten, noch die Palette an Angeboten pflegerischer Versorgung.

Nachfolgende Anbieter von Rehabilitationsleistungen werden einfordern, dass Patienten informiert ankommen und die Überleitung alle Aspekte enthält, die für die weitere Behandlung und Versorgung von Bedeutung sind, d. h. auch soziale, personenbezogene Faktoren. Leistungsträger werden darauf achten, dass das Krankenhaus die Weichen richtig stellt. Die Wahrscheinlichkeit steigt, dass Krankenhäuser bei der Einleitung von Rehabilitationsmaßnahmen zukünftig andere Maßstäbe ansetzen und Funktionsbeeinträchtigungen hinsichtlich deren Auswirkung auf Aktivitäten beschreiben müssen. Damit gekoppelt, werden Aussagen zum Rehabilitationsziel verbunden sein.

9.1.4 Implementierter Bestandteil des Behandlungsprozesses

Soziale Arbeit ist im Rahmen der DRGs nur für die Betreuung stationärer Patienten vorgesehen. Eine solche Handhabung widerspricht einer patientenorientierten Behandlung, die auf die Gesamtbehandlung ausgerichtet ist. Durch die Veränderungen des Gesundheitswesens werden Krankenhäuser zukünftig viele vor- und nachstationäre Leistungen anbieten. Dazu können auch Dienstleistungen der Sozialen Arbeit gehören.

Es muss ein neues Leistungsangebot konzipiert werden, sodass mit den Leistungsträgern verhandelt werden kann. Die starren Mechanismen gehören der Vergangenheit an. Neue, innovative Konzepte werden von den Leistungsträgern hinsichtlich ihrer Wirksamkeit und der Auswirkungen auf die Kosten bewertet. Da soziale und personenbezogene Merkmale in der Behandlung kranker Menschen bisher nur eine unbedeutende Rolle spielen, ist ein Markt vorhanden, den sich die Soziale Arbeit erschließen kann. Sie muss allerdings, wie alle anderen Berufsgruppen und Anbieter von Gesundheits- und Pflegeleistungen, manche vertrauten Pfade verlassen und sich auf Neues einlassen. Dies ist notwendig, damit Menschen, die in besonderer Weise unter Krankheit und Krankheitsfolgen leiden, auch zukünftig Leistungen der Sozialen Arbeit in Anspruch nehmen können.

Maßgebend ist für die Kliniken, Patienten unmittelbar nach Beendigung der Behandlungsbedürftigkeit entlassen zu können. Die Positionierung von Sozialer Arbeit im Krankenhaus wird entscheidend davon abhängen, ob es gelingt, den Verantwortlichen und Entscheidungsträgern im Gesundheitswesen die besondere Qualität des handlungs- und lösungsorientierten Beratungsansatzes der gesundheitsbezogenen Sozialen Arbeit zu verdeutlichen. Ein Kernelement notwendiger Veränderungen ist die Erweiterung des Einsatzspektrums. Soziale Arbeit wird sich nicht mehr nur auf den Sektor der Behandlungsinstitution Krankenhaus beschränken können. Neue Behandlungskonzepte orientieren sich am Gesamtbehandlungsprozess eines kranken Menschen.

9.2 Perspektiven im Kontext des strukturellen Wandels

Die zunehmenden ökonomischen Zwänge des Gesundheitswesens führen zu einer Überprüfung der Notwendigkeit von psychosozialer Beratung für kranke Menschen. Die Anfänge der Sozialen Arbeit resultieren, wie in dem Kapitel zur geschichtlichen Entwicklung ausgeführt wurde, aus der Erkenntnis, dass Krankheiten grundsätzlich mit den Lebensbedingungen eines Menschen zusammenhängen.

Viele Akteure und Behandlungseinrichtungen sehen sich nicht mehr in der Verantwortung, Leistungen anzubieten, die sich auf den Gesamtprozess der Behandlung beziehen und die die gesellschaftliche Reintegration des Patienten gewährleisten. Andererseits fordern die Politik und verschiedene Interessenvertreter des Gesundheitswesens ein integriertes Behandlungskonzept, das den Patienten in den Mittelpunkt stellt (Eckpunktepapier des Behindertenbeauftragten der Bundesregierung, der Behindertenverbände, der Selbsthilfe und der Wohlfahrtsverbände; Rosenbrock/Gerlinger 2004).

Auch die Konzepte der Sozialen Arbeit im Gesundheitswesen stellen die individuellen Interessen des Menschen und die psychosoziale Dimension von Krankheit in den Vordergrund der Beratung (Gödecker-Geenen/Nau 2002b, 312f). Die strukturellen Veränderungen im Gesundheitswesen werden massive Veränderungen für die Behandlungs- und Versorgungsprozesse im Gesundheitswesen mit sich bringen. Auch die psychosoziale Betreuung kranker Menschen in der Institution Krankenhaus wird sich verändern.

9.2.1 Neue Versorgungsstrukturen – Chance für die Soziale Arbeit

Neue gesundheitspolitische Programme sollen Defizite des Systems im Bereich von Über-, Unter- und Fehlversorgung bekämpfen. Dabei wird es insbesondere darum gehen, eine verbesserte Patienteninformation im Sinne einer Stärkung der Patientenrechte zu erreichen und eine funktionierende Vernetzung der Behandlungs- und Versorgungseinrichtungen des Gesundheitssystems zu schaffen. Durch die Schaffung derartiger Programme sollen Kostenträger in die Lage versetzt werden, die Qualität von Behandlungsleistungen der Medizin zu erkennen und geeignet zu honorieren (AOK Bundesverband 2003). Nachfolgend werden die Konzepte der „Integrierten Versorgung“ und das „Disease-Management“ als wichtigste Handlungsansätze erläutert.

Integrierte Versorgung: Als Integrierte Versorgungsleistungen bezeichnet man die umfassende und koordinierte Bearbeitung aller Gesundheitsprobleme über den gesamten Versorgungsweg von der Primärbehandlung bis zur Rehabilitation (Rosenbrock/Gerlinger 2004). Sie werden im Bereich unterschiedlicher Krankheitsbilder und Regionen implementiert. Sie haben das Ziel, die Vernetzung von Diagnostik, Therapie und Nachsorge zu verstärken und Abläufe zu optimieren und zu rationalisieren. Des Weiteren sollen sie zu einer Standardisierung der Behandlung nach evidenzbasierten Leitlinien führen (Nicklas-Faust 2003, 28–34). Die Programme finden unter Beteiligung verschiedener Akteure und Institutionen des Gesundheitswesens statt. Eine zentrale Rolle erhält der Hausarzt, der als Lotse für den Patienten fungieren soll. Finanziert wird die integrierte Versorgung über Pauschalen. Die beteiligten Behandler erhalten eine feste Summe, die sie dann, je nach erbrachter Therapieleistung, aufteilen müssen. Die Kosten des Einzelfalls sind für die Kostenträger kalkulierbar.

Disease-Management: Als Disease-Mananagement bezeichnet man standardisierte und strukturierte Programme zur Versorgung bestimmter chronischen Erkrankungen. Damit sollen eine einheitliche Versorgungsqualität und eine Orientierung an evidenzbasierten Leitlinien erreicht werden (Rosenbrock/Gerlinger 2004). Sie sollen zu einer Verbesserung der Versorgungsqualität für chronisch kranke Menschen beitragen. Außerdem werden erhebliche finanzielle Einsparungen durch die Optimierung der Vernetzung der beteiligten Behandlungsinstitutionen und eine effektive Nutzung der Ressourcen erwartet. Ab 2003 wurden Disease-Managementprogramme für die Krankheitsbilder Diabetes mellitus, Brustkrebs, Herz-Kreislauf-Erkrankungen sowie Atemwegserkrankungen eingeführt.

Die neuen gesundheitspolitischen Programme bieten gute Chancen zur Positionierung von psychosozialen Behandlungsansätzen im Gesundheitswesen der Zukunft (Kraus 2003a, 35ff). Es wird allerdings davon abhängen, ob die Soziale Arbeit es schafft, sich in die politischen Entscheidungsprozesse adäquat einzubringen. Verschiedene Qualitätsaspekte von psychosozialer Beratung sind dabei hervorzuheben. Bestimmte Patientengruppen (chronisch Kranke, Behinderte, multimorbide Patienten, alte Menschen) haben einen besonderen Versorgungsbedarf. Hauptziele der psychosozialen Begleitung und Beratung sind es, den Prozess der Krankheitsakzeptanz zu begleiten und die Auseinandersetzung mit den körperlichen, psychischen und sozialen Folgen der Erkrankung zu fördern. Die Themen dieser Reflexion sind die finanzielle, berufliche und/oder die familiäre Situation.

Ein weiterer Schwerpunkt ist der Trauerprozess im Umgang mit der körperlichen Beeinträchtigung oder Behinderung und dem Verlust von Lebensqualität (Rauchfleisch 2001, 115). Gerade für diese Personenkreise müssen auch in den neuen Versorgungsmodellen geeignete Beratungsangebote vorgehalten werden. In den Konzepten ist die psychosoziale Beratung bisher nicht als fachspezifische Leistung vorgesehen und fest implementiert worden. Ein entscheidender Aspekt ist die bisher nicht oder nur unzureichend erfolgte Einbeziehung des Patienten in seiner Lebenssituation, mit seinen bestehenden Einschränkungen, aber auch mit seinen vorhandenen Potenzialen und seinen subjektiven Krankheitsinterpretationen.

Die Mitwirkungsmöglichkeiten des kranken Menschen müssen erkannt und genutzt werden. Dazu ist ein aktiver Dialog notwendig, der den Patienten zum eigenen „Case-Manager" werden lässt (Schwartz/Rosenbrock 2003). Soziale Arbeit kann entsprechende Beratungs- und Unterstützungsleistungen anbieten, die sowohl die Qualität der Gesamtversorgung sichern als auch ökonomische Wirkungen erzielen.

9.2.2 Soziale Arbeit als Lotse des Gesundheitswesens der Zukunft

Soziale Arbeit im Gesundheitswesen kann besonders bei Patienten mit schweren Erkrankungen dazu beitragen, dass Maßnahmen eingeleitet werden, die sich am Gesamtprozess der Behandlung und Rehabilitation orientieren. Die frühzeitige Einbindung Sozialer Arbeit sichert die Berücksichtigung sozialer und psychischer Aspekte in der Krankenversorgung. Soziale Dienste im Gesundheitswesen sind bisher vorwiegend in stationären Einrichtungen des Gesundheitswesens implementiert. Aufgrund der Veränderungen der strukturellen Rahmenbedingungen werden komplementäre psychosoziale Versorgungsstrukturen notwendig.

Die Soziale Arbeit hat gegenwärtig eine hervorragende Chance, sich im Gesundheitswesen weiter zu etablieren. Die Soziale Arbeit ergänzt mit ihrer Perspektive die bisherigen Leistungen zur Wiederherstellung und Gesundung um die soziale und psychische Dimension (Eckpunktepapier des Behindertenbeauftragten der Bundesregierung, der Behindertenverbände, der Selbsthilfe und der Wohlfahrtsverbände 2002). Die Soziale Arbeit versteht sich als Teil der Behandlung des kranken Menschen (biopsychosoziales Krankheitsmodell) und bezieht das soziale Umfeld in den Beratungsprozess mit ein (Gödecker-Geenen/Nau 2002b, 312ff). Die Soziale Arbeit orientiert sich am Bedarf des Patienten, der neben medizinisch-pflegerischen Hilfen auch soziale, wirtschaftliche und persönliche Unterstützung im Umfeld der Krankheit umfasst. Dieser ganzheitliche Ansatz der Sozialen Arbeit hat nachhaltige Auswirkungen auf den weiteren Behandlungsprozess des Patienten.

Sozialarbeiter sind Netzwerkspezialisten, deren Kernkompetenzen in der Verzahnung und Vernetzung verschiedener Hilfs- und Unterstützungssysteme liegt mit dem Hauptziel, Probleme der Kooperation und Koordination von Dienst- und Gesundheitsleistungen zu minimieren (Fries, 2003, 101f). Die Berufsgruppe der Sozialen Arbeit muss sich sozial- und gesundheitspolitisch in die laufenden Diskussionsprozesse um das zukünftige Gesundheitswesen einbringen. Die Soziale Arbeit muss dabei ihre Dienstleistungen und besonderen Kompetenzen im Rahmen des Aufbaus von Netzwerken und in der Kooperation mit Ärzten, Therapeuten, ambulanten Pflegediensten, Rehabilitationskliniken und anderen Partnern klar definieren (Reinicke 2004).

Die Politik und die Entscheidungsträger müssen von der Wirksamkeit und den Effekten des sozialarbeiterischen Handelns und Wirkens überzeugt werden. Es muss weiterhin ein Anliegen der Gesellschaft sein, kranke und behinderte Menschen in ihrer Lebens- und Krankheitssituation adäquat zu unterstützen. Dabei gilt es, umfassende psychosoziale Beratungs- und Unterstützungsangebote in allen Sektoren des Gesundheitssystems vorzuhalten und mit den anderen Professionen zu vernetzen. Auf diesem Wege kann eine ganzheitliche Behandlung in Prävention, Behandlung, Rehabilitation und Nachsorge erreicht werden.

Literatur

Ansen, H. (2002): Theoretisch-systematische Grundlagen der Klinischen Sozialarbeit im Gesundheitswesen. In: Gödecker-Geenen/Nau (2002), 83–125
– (2001): Tätigkeitsprofil der Sozialarbeit im Krankenhaus. In: Reinicke (2001a), 63–69
Antonovsky, A. (1997): Salutogenese. Tübingen
AOK Bundesverband (2003): Blickpunkt. Newsletter der AOK 1

Bachmann, D., Ulrich, H., Steffes, R., Persch, B., Venema, V. (1999): Wesentliche Elemente des Qualitätsmanagements in der Krankenhaussozialarbeit. In: DVSK (1999a), 44–56
Badura, B., Hart, D., Schellschmidt, H. (Hrsg.) (1999): Bürgerorientierung des Gesundheitswesens. Baden-Baden
Baecker, G., Bispinck, R., Hofemann, K., Naegele, G. (2000): Sozialpolitik und soziale Lage in Deutschland. Bd. 2. Wiesbaden
Barabas, F. K. (2003): Beratungsrecht. Frankfurt
Baron R., Landwehr, R. (1983): Geschichte der Sozialarbeit. Weinheim
Barth, T., Schmitz, C. (2001): Sozialer Dienst im Krankenhaus und die Zusammenarbeit mit Krankenkassen. In: Reinicke (2001a), 107–116
Baum, H. (1996): Ethik sozialer Berufe. München
Baumgartner, H. M., Honnefelder, L., Wickler, W., Wildfeuer, A. (1998): Menschenwürde und Lebensschutz: philosophische Aspekte. In: Rager (1998), 161–243
Behindertenbeauftragter der Bundesregierung (2002) (Hrsg.): Eckpunktepapier des Behindertenbeauftragten der Bundesregierung, der Behindertenverbände, der Selbsthilfe und der Wohlfahrtsverbände. Homepage des Behindertenbeauftragten der Bundesregierung: www.behindertenbeauftragter.de (Stand 13.04.2004)
Bengel, J., Koch, U. (Hrsg.) (2000): Grundlagen der Rehabilitationswissenschaften. Berlin
Beske, F., Hallauer, J. F. (2001): Das Gesundheitswesen in Deutschland. 3., völlig neu überarbeitete Aufl. Köln
Böhnisch, L. (1999): Sozialpädagogik der Lebensalter. Weinheim
–, Schröer, W. (2001): Pädagogik und Arbeitsgesellschaft. Weinheim
Bohnenkamp, H. (1935): Über die Erweiterung der klinischen Aufgaben durch

die soziale Krankenhausfürsorge. In: Die medizinische Welt: Gesundheitsfürsorge, 419–421
Bollinger, H., Hohl, J. (1981): Sozialarbeiterinnen und Ärzte im Krankenhaus. Frankfurt/M.
Börtz, R., Kurlemann (2001): Einsatz der EDV und ihre Möglichkeiten in der Krankenhaussozialarbeit. In: Reinicke (2001a), 91–97
Buckely, A. (1998): Unveröffentlichte Abschlussarbeit. Medical Social Work in Ireland and Germany. Düsseldorf
Buddeberg, C., Willi, J. (Hrsg.) (1998): Psychosoziale Medizin. Berlin

Chasse, K. A., Wensierski, H.-J. von (1998): Praxisfelder der Sozialen Arbeit. Weinheim/München
Corbin, J. M. (1996): Rehabilitation: A Biographical and Medical Process. In: Schott, T., Badura, B., Schwarzer, H. J.(1996), 181

Dallmann, H.-U. (2003): Autonomie am Lebensende. Soziale Arbeit 11/12, 416–422
DBSH/DVSK (Hrsg.) (2003): Tagungsdokumentation einer Fachtagung zum Thema: Neue gesundheitspolitische Programme – Chance für die Sozialarbeit? Berlin
Deppe, H.-U. (2002a): Kommerzialisierung oder Solidarität? Zur grundlegenden Orientierung der Gesundheitspolitik In: Deppe/Burkhardt (2002b), 10–24
–, Burkhardt, W. (Hrsg.) (2002b): Solidarische Gesundheitspolitik. Hamburg
Deutscher Verein für öffentliche und private Fürsorge (2002): Fachlexikon der sozialen Arbeit. Frankfurt
Deutsches Zentrum für Altersfragen (Hrsg.) (2002): Expertisen zum Vierten Altenbericht der Bundesregierung. Bd. I: Das hohe Alter – Konzepte, Forschungsfelder, Lebensqualität. Hannover
Dieffenbach, S., Landenberger, M., von der Weiden, G. (Hrsg.) (2002): Kooperation in der Gesundheitsversorgung. Neuwied
Die Zeit (2000): Artikelserie zur Situation im Gesundheitswesen, vom 20.08.00. Nr. 36
DKG – Deutsche Krankenhausgesellschaft (2002a): Zahlen, Daten, Fakten 2002. Düsseldorf
– (2002b): Krankenhausplanung und Investitionsfinanzierung in den Bundesländer, Stand: Juli 2002. Düsseldorf
Dorfmüller, M. (1989): Klinische Psychologie in Kooperation mit dem Sozialdienst im Krankenhaus. Gesundheitsreferat der Landeshauptstadt München (Hrsg.): 60 Jahre Städtischer Sozialdienst in den Münchner Krankenhäusern – Festschrift. München, 59ff
Düwell, M., Hübenthal, C., Werner, M. H. (2001) (Hrsg.): Handbuch Ethik. Stuttgart/Weimar

DVSG – Deutsche Vereinigung für Sozialarbeit im Gesundheitswesen (2004a): Forum Sozialarbeit + Gesundheit 2, 31
– (2004b): Entlassungsmanagement – das Konzept der Sozialarbeit. Homepage der DVSG: www.dvsg.org (Stand: 13.04.2004)
DVSK – Deutsche Vereinigung für den Sozialdienst im Krankenhaus e.V. (Hrsg.) (2003a): Produkt- und Leistungsbeschreibung des klinischen Sozialdienstes im Akutkrankenhaus. Mainz
– (2003b): Anhaltszahlen für Sozialarbeit in Akutkliniken. Forum Krankenhaussozialarbeit 2, 42–43
– (2001): Dokumentation – Tradition hat Zukunft. Mainz
– (2000): Personalanhaltszahlen für den Sozialdienst im Krankenhaus. Mainz
– (1999a): Manual zum Qualitätsmanagement für Sozialarbeit im Krankenhaus. Mainz
– (1999b): Handlungskonzept für Sozialarbeit im Krankenhaus. Mainz
– (1999c): Fachbereich Qualitätsentwicklung: Arbeitsergebnisse. Mainz
– (1997): Bericht der AG-Qualitätsstandards und -Arbeitsmerkmale, Zwischenergebnisse. Forum Krankenhaussozialarbeit 2/1998, 7ff

Eibach, U., Schaefer, K. (2001): Patientenautonomie und Patientenwünsche. MedR 1, 21–28
Ewers, M. (2000a): Case-Management im Schatten von Managed-Care: Sozial- und gesundheitspolitische Grundlagen. In: Ewers/Schaeffer (2000a), 29–53
– (2000b): Das anglo-amerikanische Case-Management: Konzeptionelle und methodische Grundlagen. In: Ewers/Schaeffer (2000a), 53–91
–, Schaeffer, D. (2000a): Case-Management in Theorie und Praxis. Bern
–, – (2000b): Case-Management als Innovation im deutschen Sozial- und Gesundheitswesen. In: Ewers/Schaeffer (2000a), 7–29

Filsinger, D. Homfeldt, H. G (2001): Gesundheit und Krankheit. In: Otto/Thiersch (2001), 705–716
Finke, J. (1999): Beziehung und Intervention. Stuttgart/New York
Francke, R. (1999): Öffentliches Recht, Sozialversicherungsrecht. In: Badura/Hart/Schellschmidt, 210–293
Fries, H. (2003): Case-Management als Gesundheitsdienstleistung: In: Löcherbach/Klug/Remmel-Faßbender, 101–119

Galuske, M. (1998): Methoden der Sozialen Arbeit. Weinheim/München
Garms-Homolova, V. (2000): Professionelle Sozialarbeit im integrierten Gesundheitssystem. In: Tagungsdokumentation des DBSH und der DVSK, Landesverband Berlin: Sozialarbeit im Gesundheitswesen 2000. Berlin, 12
Geisen, R., Mühlbauer, B. (Hrsg.) (2001): Qualitätsmanagement im Krankenhaus. Münster
Gerdes, N., Weis, J. (2000): Zur Theorie der Rehabilitation. In: Bengel/Koch (2000), 42–67

Gerling, V., Naegele, G. (2001): Alter, alte Menschen. In: Otto/Thiersch (2001), 30–41

Germain, C. B., Gitterman, A. (1999): Praktische Sozialarbeit. Stuttgart

Glatzel, J., Mehs, M. (1978): Sozialdienst im Krankenhaus. Freiburg

Gödecker-Geenen, N. (2002): Klinische Sozialarbeit in Krankenhäusern und Rehabilitationskliniken. In: Schwarzer (2002), 441–455

– (2001): Die Deutsche Vereinigung für den Sozialdienst im Krankenhaus. In: Reinicke (2001a)

–, Nau, H. (Hrsg.) (2002a): Klinische Sozialarbeit: Eine Positionsbestimmung. Münster

–, – (2002b): Patientenwohl und Ökonomie. Krankendienst 10/2002, 312–317

–, –, Weis, I. (Hrsg.) (2003): Der Patient im Krankenhaus und sein Bedarf an psychosozialer Betreuung. Münster

Gotthardt, M. (2001): Das Aufgabenfeld der Sozialarbeit im neuen Krankenhauskonzept. Welche Richtung geben wir vor? In: DVSK (Hrsg.): Kongressband zum DVSK-Bundeskongress 2001. Mainz, 49–50

Häberle, P. (2001): Das Menschenbild im Verfassungsstaat. Berlin

Haeske-Seeberg, H. (2001): Handbuch Qualitätsmanagement im Krankenhaus. Stuttgart/Berlin/Köln

Hanses, A., Börgartz, H. (2001): Soziale Arbeit im Krankenhaus. Neue Praxis 6, 576

Hedtke-Becker, A., Hoevels, R., Schwab, M. (2003): (Familien-)Medizin und Sozialarbeit – ein Kooperationsmodell. Hockenheim

Hegeler, H. (2002a): DRGs: Sozialvisite als Erfolgsfaktor im Krankenhaus. Forum Krankenhaussozialarbeit 1, 52–53

– (2002b): Sozialvisite – eine neue Methode der klinischen Sozialarbeit. Abstract zum Vortrag im Rahmen der Jahrestagung für Soziale Dienste der Median-Kliniken. Bernkastel-Kues

Heim, E., Meyer, P. C. (1998): Soziologische Aspekte des Krankseins. In: Buddeberg/Willi, 385–419

Heiner, M. (1996): Qualitätsentwicklung durch Evaluation. Freiburg

Herlt, J. (2001): Sozialarbeit mit onkologischen Patienten im stationären Bereich. In: Reinicke (2001a), 98–105

Herriger, N. (2002): Empowerment in der Sozialen Arbeit. Stuttgart

Hildebrandt, H. (1996): Krankenhäuser in Deutschland: ein Vergleich. Sankt Augustin

Hillers, U. (1994): Sozialpädagogische Netzwerkförderung und Krisenintervention im Krankenhaussozialdienst. Frankfurt

Höffe, O. (2002): Medizin ohne Ethik. Frankfurt

Homfeldt, H.-G. (2002): Soziale Arbeit im Gesundheitswesen und in der Gesundheitsförderung. In: Thole (2002), 317–331

–, Hünersdorf, B. (1997): Soziale Arbeit und Gesundheit. Neuwied

Hoppe, J. D. (2001): Interview mit Prof. Dr. med. Jörg-Dietrich Hoppe, Präsident der Bundesärztekammer. Forum Krankenhaussozialarbeit 3/4, 62

Hüpper, B., Slesina, W. (2001): Sozialdienst im Krankenhaus – eine empirische Untersuchung. Forum Krankenhaussozialarbeit 1, 88–92

– (2000): Sozialdienst im Krankenhaus. Neue Praxis 4, 397–402

Hurrelmann, K. (2000): Gesundheitssoziologie. Weinheim/München

IFSW – International Federation for Social Workers (2003): Neue Definition von Sozialarbeit. www.dbsh.de/html/hauptteil_wasistsozialarbeit.html

Kaiser, K. (2001): Trägt die Sozialarbeit durch ihre spezifische Kompetenz im Krankenhaus dazu bei, eine bessere Nachsorge zu gewährleisten? In: Reinicke (2001a), 146–153

Kardorff, E. von (1999): Soziale Arbeit und Soziale Dienste im Gesundheitswesen In: Chasse/Wensierski von (1998), 343–360

– (1989): Wege aus dem Krankenhaus – Perspektiven einer Sozialarbeit im Krankenhaus für alte Menschen und chronich Kranke. In: Gesundheitsreferat der Landeshauptstadt München (Hrsg.): 60 Jahre Städtischer Sozialdienst in den Münchner Krankenhäusern – Festschrift. München, 89

Kaufmann, F.-X. (1992): Der Ruf nach Verantwortung. Freiburg

Keck-Staudt, N. (2000): Interprofessionelle Kooperation von SozialarnbeiterInnen und ÄrztInnen im Allgemeinkrankenhaus. Forum Krankenhaussozialarbeit 2, 114

Kellermann, K., Konegen, N., Staek, F. (Hrsg.) (2001): Aktivierender Staat und aktive Bürger. Frankfurt

Kerber, W. (1998): Sozialethik. Stuttgart/Berlin/Köln

Kirbach, R. (2002): Gesundheit vom Fließband. Die Zeit 37, 38–40

Kleiner, G. (2001): Ambulante Rehabilitation im Alter. Frankfurt

Klie, T., Maier, K., Meysen, T. (Hrsg.) (1999): Verwaltungswissenschaft. Freiburg

Klinikum Nürnberg (2003): Der Ethik-Code des Klinikums Nürnberg. www.klinikum-nuernberg.de/1_01_ethik_1.html (Stand: 13.04.2004)

Klug, W. (2003): Case-Management im US-amerikanischen Kontext. In: Löcherbach/Klug/Remmel-Faßbender (Hrsg.): Case-Management. Neuwied, 37–63

Knorr, F., Halfar, B. (2000): Qualitätsmanagement in der Sozialarbeit. Regensburg

Krappmann, L. (2002): Bildung als Ressource der Lebensführung In: Münchmeier/Otto/Rabe-Kleberg (2002), 33–49

Kraus, S. (2003a): Die neuen gesundheitspolitischen Programme – wie positioniert sich die Sozialarbeit im Gesundheitswesen? In: DBSH/DVSH (2003), 35–45

– (2003b): Soziale Arbeit mit alten Menschen: Sozialarbeit in der Geriatrie. Berlin

Kruse, A., Gaber, E., Heuft, G., Oster, P., Re, S., Schulz-Nieswandt, F. (2002): Gesundheitsberichterstattung des Bundes: Gesundheit im Alter 10

Kuhlmann, E. (2001): Rationierung im klinischen Alltag. Theorie und Praxis der Sozialen Arbeit 10, 363–367

Kuntz, R. (1999): Gesprächsführung in der Beratung vor dem Hintergrund von Hilfeplanung und Fallmanagement im Sozialamt. Nachrichtendienst des Deutschen Vereins für öffentliche und private Fürsorge 12, 397–403

Kurlemann, U. (2000a): Klinische Sozialarbeit im System Krankenhaus. In: Eiff, W. (Hrsg.): Der Krankenhausmanager. Berlin/Heidelberg/New York, 1–27

– (2000b): EDV in der Klinischen Sozialarbeit. Forum Krankenhaussozialarbeit 3, 53–54

Landesregierung von Baden-Württemberg, Drucksache 13/2415 (2003): Zur Situation der Sozialdienste in Krankenhäusern. Stuttgart, 2–3

Layer, H., Mühlum, A. (2003): Krankenhaussozialarbeit aus der Sicht der Patienten – Evaluationsstudie im Auftrag der DVSK. In: Gödecker-Geenen/Nau/Weis (2003), 33–70

Löcherbach, P., Klug, W., Remmel-Faßbender, W. (Hrsg.) (2003): Case-Management. Neuwied

Luhmann, N. (1975): Soziologische Aufklärung 2. Opladen

Mehs, M. (1998): Übersicht über die Entwicklung des Sozialdienstes im Krankenhaus. In: Forum Krankenhaussozialarbeit 4, 26–28

– (1986): Entwicklung, Richtlinien und Grundzüge des Sozialdienstes im Krankenhaus. In: Viefhues, 20–32

Meinhold, M. (2003): Qualitätssicherung in der sozialen Arbeit; Plädoyer für einen eigenen Weg. In: Olk/Otto (2003), 130–149

– (2002): Über Einzelfallhilfe und Case-Management. In: Thole (2002), 509–523

Morris, D. R. (2000): Krankheit und Kultur. München

Mühlum, A. (2001): Sozialarbeit und Sozialpädagogik. Ein Vergleich. Frankfurt

–, Gödecker-Geenen, N. (2003): Soziale Arbeit in der Rehabilitation. München

Münchmeier, R., Otto, H.-U., Rabe-Kleberg, U. (Hrsg.) (2002): Bildung und Lebenskompetenz. Opladen

Nau, H. (2001): Unveröffentlichtes Manuskript: Auswertung der Ergebnisse der Telefonaktion: Pretest zur Prüfung der Kalkulationsrichtlinien zur Einführung der DRGs. Stuttgart

–, Gödecker-Geenen, N. (2003): Der Patient im Mittelpunkt des Behandlungsprozesses – eine Vision. In: Gödecker-Geenen/Nau/Weis (2003), 9–20

Neuffer, M. (2002): Case-Management. Weinheim/München

Nicklas-Faust, J. (2003): Die neuen gesundheitspolitischen Programme – Welche Entwicklungen sind angesichts der Erfahrungen in anderen Ländern zu erwarten? In: DBSH/DVSK (2003), 28–34

Nussbaum, M. C. (2002): Konstruktion der Liebe, des Begehrens und der Fürsorge. Stuttgart

Olk, T., Otto, H. U. (2003): Soziale Arbeit als Dienstleistung. Neuwied
Otto, H.-U., Thiersch, H. (Hrsg.) (2001): Handbuch Sozialarbeit, Sozialpädagogik. Neuwied/Kriftel
Oyen, R. (2000): Sozialdienst im Krankenhaus. In: Schwarzer (2003), 62–74

Pantucek, P. (1998): Lebensweltorientierte Individualhilfe. Freiburg
Paulus, P. (1997): Soziale Netzwerke, soziale Unterstützung und Gesundheit. In: Homfeldt/Hünersdorf (1997), 175–205
Pearson, R. E. (1997): Beratung und soziale Netzwerke. Weinheim
Pfeifer, I. (2002): Der Übergang vom Krankenhaus ins Pflegeheim. Soziale Arbeit 1, 23–27
Plamper, E., Lauterbach, K. (2001): Das ökonomische Dilemma der Gesundheitspolitik: Fehlsteuerungen und Fehlversorgungen im Gesundheitsbereich – ein Diktat der Knappheit? In: Kellermann/Konegen/Staek (2001), 33–49
Porz, F. (2003): Case-Management in der Pädiatrie. In: Porz/Erhardt (2003), 1–11
–, Erhardt, H. (2003): Case-Management in der Kinder- und Jugendmedizin. Stuttgart/New York

Rager, G. (Hrsg.) (1998): Beginn, Personalität und Würde des Menschen. Freiburg/München
Raiff, N. R., Shore, B. K. (1997): Fortschritte im Case-Management. Freiburg
Rauchfleisch, U. (2001): Arbeit im psychosozialen Feld: Beratung, Begleitung, Psychotherapie, Seelsorge. Göttingen
Reinicke, P. (2004): Sozialarbeit als Aufgabe bei Gesundheit und Krankheit. Freiburg
– (2003a): Zusammenarbeit von Sozialarbeitern und Ärzten. Soziale Arbeit 9, 237f
– (2003b): Zusammenarbeit zwischen den Krankenkassen und dem Sozialdienst im Krankenhaus. Gesundheits- und Sozialpolitik 9/10, 46–57
– (2001a): Soziale Arbeit im Krankenhaus. Freiburg
– (2001b): Sozialarbeit im Krankenhaus – ein internationaler geschichtlicher Überblick. Soziale Arbeit 1, 128–135
– (1998): Soziale Krankenhausfürsorge in Deutschland. Opladen
– (1994): KrankenHaus – Sozialarbeiter als Partner in der Gesundheitsversorgung. Weinheim/Basel
Remmel-Faßbender, R. (2003): Case-Management – eine Methode der Sozialen Arbeit: Erfahrungen und Perspektiven. In: Löcherbach/Klug/Remmel-Faßbender (Hrsg.), 63–81
Rennen-Allhoff, B., Schaeffer, D. (Hrsg.) (2000): Handbuch Pflegewissenschaft. Weinheim/München

Rörig, R. (1999): Margret Mehs. In: Forum Krankenhaussozialarbeit 3, 2–3
Rosenbrock, R. (2002): Kann die soziale Krankenversicherung in der Marktgesellschaft überleben? In: Deppe/Burkhardt (2002), 24–36
–, Gerlinger T. (2004): Gesundheitspolitik. Bern

Sachße, C. (2003): Mütterlichkeit als Beruf. Weinheim
Salomon, A. (2002/1925): Soziale Diagnose. Neuwied/Kriftel
– (2001): Sozialdienst im Klinikum Nord, Hamburg (1997). Soziale Arbeit 11/12; Forum Krankenhaussozialarbeit 7/9, 416–419
Sannwald, E. (2002): Sozialarbeit im Krankenhaus und ihr Verhältnis zur Selbsthilfe. Forum Krankenhaussozialarbeit 2, 38f
Schaeffer, D. (1989): Strukturelle Versorgungsprobleme und professionelle Interventionsmuster bei chronisch kranken alten Patienten. Zeitschrift für Sozialreform 35, 737f
–, Moers, M. (2000): Bewältigung chronischer Krankheiten – Herausforderungen für die Pflege. In: Rennen-Allhoff/Schaeffer (2000), 447–483
Schmidt, U. (2001): Grußwort der Bundesministerin für Gesundheit zum Bundeskongress 2001 der DVSK. In: DVSK (Hrsg.): Kongressband zum DVSK-Bundeskongress 2001. Mainz, 7
Schott, T., Badura, B., Schwager, H.-J. (Hrsg.) (1996): Neue Wege in der Rehabilitation. Weinheim/München
Schulz, W. (1993): Philosophie in der veränderten Welt. Stuttgart
Schwaiberger, M. (2002): Case-Management im Krankenhaus. Melsungen
Schwarz, A., Harms, R. (2000): Angehörige als Partner des Krankenhauses. Soziale Arbeit 2, 56f
Schwarzer, W. (2002): Lehrbuch der Sozialmedizin. 4. Aufl. Dortmund
–, Höhn-Beste, M. (2002): Chronische Erkrankungen und Körperbehinderung. In: Schwarzer (2003), 125–177
Schwartz, F. W. (2003): Das Public-Health-Buch. München/Jena
–, Rosenbrock, R. (2003): Chronisch Kranke dürfen nicht zum Verlierer des Systems werden. Forum Krankenhaussozialarbeit 2, 9–11
Schweppe, C. (2002): Soziale Altenarbeit. In: Thole (2002), 331–349
Seelhorst, U. (2003): Wie effektiv ist Sozialarbeit im Krankenhaus? Krankenhausumschau 11, 1123–1126
Senftleben, H. U. (1988): Klinische Sozialarbeit. Wiesbaden
Sickendiek, U., Engel, F., Nestmann, F. (1999): Beratung. Weinheim
Siegrist, J., Möller-Leimkühler, A. M. (2000): Gesellschaftliche Einflüsse auf Gesundheit und Krankheit. In: Schwartz, 94–109
Sozialdienst am Universitätsklinikum Heidelberg (2002): Präsentation des Beratungsangebotes: Klinische Sozialarbeit (www.med.uni-heidelberg.de/sozd/)
Sozialpädagogischer Fachdienst (1997): 80 Jahre Sozialarbeit in Hamburger Krankenhäusern, März 1917 bis März 1997. (Allgemeines Krankenhaus Ochsenzoll, Langenhorner Chausee 560, 22419 Hamburg.) In: Forum Krankenhaussozialarbeit, Heft 7–9, 1997

Spiegel, H. von (2002): Methodisches Handeln und professionelle Handlungskompetenz im Spannungsfeld von Fallarbeit und Management. In: Thole (2002), 589–603
Spindler, K., (2000): Interview mit Karl Spindler, Krankenhausdirektor im Bürgerhospital Stuttgart. Forum Krankenhaussozialarbeit 4, 26–27
Steffes, R. (2000): Alice Salomon – Leben und Werk. Unveröffentlichtes Manuskript. Stuttgart
– (1999): Case-Management, das traditionelle Qualitätsinstrument der Sozialarbeit. In: DVSK (1999), 37–56
Steinkamp, N., Gordijn, B. (2003): Ethik in der Klinik. Neuwied/Berlin/Kriftel
Swenson, C. R. (1995): Clinical Social Work. In: Edwards, R. L. (Ed.): Encyclopedia of Social Work. Washington, 502–510
Szathmary, B. (1999): Neue Versorgungskonzepte im deutschen Gesundheitswesen. Neuwied

Tauch, J. (2000): Personalbedarfsermittlung im Krankenhaus. 4. Aufl. Gütersloh
Thiele, G. (2001): Soziale Arbeit mit alten Menschen. Münster
Thole, W. (Hrsg.) (2002): Grundriss Soziale Arbeit. Opladen
Thiersch, H. (2001): Moral und Soziale Arbeit. In: Otto/Thiersch (2001), 1245–1259
Thyen, U. (2003): Chronisch kranke Kinder: Betreuungslücken beim Übergang vom stationären in den ambulanten Bereich. In: Porz/Erhardt (2003), 11–15
Trost, M., Marquart, P. (1999): Lörracher Qualitätskonzept für die Krankenhaus-Sozialarbeit. Lörrach
Tüllmann, A. (1927): Soziale Krankenhausfürsorge in England. Schulgesundheitspflege und soziale Hygiene 1, 13–22

Viefhues, H. (1986): Soziale Dienste im Krankenhaus. Stuttgart

Wahl, H.-W., Rott, C. (2002): Konzepte und Definitionen der Hochaltrigkeit. In: Deutsches Zentrum für Altersfragen (Hrsg.)
Wagenblass, S. (2001): Vertrauen. In: Otto/Thiersch (2001), 1934–1943
Waller, H. (2002): Sozialmedizin – Grundlagen und Praxis. Stuttgart
Weber, M. (1998): Qualitätsmanagement und Qualitätssicherung in der sozialen Arbeit im Krankenhaus. Forum Krankenhaussozialarbeit 1, 13–20
Weber-Falkensammer, H. (1983): Sozialarbeit im Umfeld des Patienten. Erlangen
Wehkamp, K.-H. (2003): Ethik-Projekte an deutschen Krankenhäusern. Forum Krankenhaussozialarbeit 1, 10–11
Weis, I. (2001): Das SGB IX aus der Sicht der DVSK. Unveröffentlichtes Manuskript. Berlin
Wendt, W. R. (2001): Case-Management im Sozial- und Gesundheitswesen. Freiburg
– (2000): Zukunftsperspektiven für die klinische Sozialarbeit an der Schwelle

zum nächsten Jahrtausend. Eröffnungsvortrag zum Bundeskongress 1999 der DVSK. In: DVSK (Hrsg.): Kongressband zum Bundeskongress 1999. Mainz, 4–17

Wetz, F. J. (1998): Die Würde des Menschen ist antastbar. Stuttgart

Wiesing, U., Marckmann, G. (2002): Medizinethik. In: Düwell/Hübenthal/Werner (2002), 268–273

Windolf, H. (2002): Sozialarbeit als Erfolgsfaktor im Wettbewerb. Forum Krankenhaussozialarbeit 1, 50–52

Wissert, M. (2003): Case-Management mit alten pflegebedürftigen Menschen – Lehren aus einem Modellversuch. In: Löcherbach/Klug/Remmel-Faßbender (Hrsg.), 185–201

Witterstätter, K. (2003): Soziale Sicherung. Darmstadt

Sachregister

Adressaten 36–48
Angehörige 19f, 34, 36, 43
Anhaltszahlen 24
Anspruch 20
Autonomie 47, 104, 110f

Behandlung 12, 136
Behandlungsstandards 97
Behinderung 18f
Beratung 41–49, 67–69
–, psychosoziale 129, 134f
–, soziale 29, 50f, 61, 63–66, 77
Beratungsangebot 38
Beratungsbeginn 67–69
Beratungsbeziehung 66f
Beratungsleistungen 20
Beratungsthemen 40, 47

Case-Management 61, 64, 70, 74–88
–, Arbeitsschritte 84–88
–, Grundlagen 78–81
–, Herkunft 76–78
–, Konturen 81–84
–, medizinisch-soziales 82
–, Strukturmerkmale 74–76

Defizitmodell 42
Diagnosis related Groups (DRGs) 53–55, 131

EDV 96
Einrichtungen 31
Empirische Befunde 39–41
Empowerment 83, 85, 111
Entlassung, koordinierte 100–102
Entlassungsmanagement 32, 97f, 128–130
Erkrankungen, chronische 13–17, 20, 39, 48, 79
–, koronare 17
Ethik 103, 107f
– im Krankenhaus 115f
Ethische Aspekte 103–116

Fähigkeiten, kognitive 114
–, kommunikative 114
–, moralische 114
Fallbesprechung 115f
Falldarstellung 65
Finanzierungsgrundlagen 53, 97

Geschichte 117–126
Gesundheit 15
Gesundheitspsychologie 19
Gesundheitswesen 11f, 26, 56, 105, 127, 132f

Hausarztmodelle 58
Heilerfolg 128

Institutionalisierung 119
Integration 17
Intervention 13, 46f
–, psychosoziale 93
–, soziale 93
Kompetenzen 18f
–, Beratungs- 88
–, Gesprächsführungs- 88
–, methodische 20
–, psychosoziale 86

–, Verhandlungs- 88
Konzepte 38
Kooperation 28–30, 32f, 74, 99, 136
–, interne 44
Kooperationsmodelle 58f
Kooperationspartner 23, 28, 30
–, externe 31
–, interne 28–30
Krankenhaus 21f, 24
Krankenhausbehandlung 37, 50, 52, 54f 115
Krankenhausfinanzierung 53–56
Krankenhauskategorien 22
Krankheit 13–16, 17–19, 39, 62, 64f, 104, 109
Krankheitsbewältigung 13, 16f, 34, 71f

Landeskrankenhausgesetze 51
Lebensbewältigung 61, 72
Leistungsbeschreibung 92–94
Leistungsträger 32f

Maßnahmen 57
–, beitragsorientierte 57
–, dienstleisterorientierte 58f
–, versichertenorientierte 58
Menschenbild 104, 108, 111
Menschenwürde 108, 109–112, 114
Methodische Ansätze 61–88
Multimorbidität 42

Nachsorge 19, 37, 94, 130–132

Patientenversorgung 102, 115
Personalausstattung 23–26
Perspektiven 13, 31, 36, 113, 133–136
Pflegekräfte 23, 30
Pflegeorganisationen 32
Prävention 58
Praxisfälle 43–46, 48f, 65, 105
Praxiskonzepte 97
Praxiskonzepte 97–102
Probleme, psychosoziale 36f
Professionsverständnis 11f, 18–20

Qualität 29, 30, 59
–, Ergebnis 91
–, Konzept- 91
–, Prozess 91
–, Struktur- 91
Qualitätsentwicklung 89–97
Qualitätsinstrumente 92–97
Qualitätsmanagement 90

Rahmenbedingungen 59
–, sozialpolitische 56
Rechtliche Grundlagen 50–52
Rehabilitation 32f, 39, 50, 58, 131
–, berufliche 38, 94
–, medizinische 38, 52, 94
–, soziale 38
Rehabilitationskliniken 32
Rehabilitationsmaßnahme 12

Selbsthilfe 34f
SGB IX 51f, 128
SGB V 21, 50, 63, 106
Sicherung der Existenzgrundlagen 69–71
– der Versorgung 69–71
Situationsanalyse 23–26
Sozialarbeit 23
–, klinische 18f, 59
Sozialdienst im Krankenhaus 10, 23, 25–27, 33, 55; 70, 84, 112
Soziale Arbeit 13–16, 28–30, 31, 37, 41, 46f, 59, 61, 104, 107f, 111, 127–133
– im Gesundheitswesen 11–13, 17, 51, 60, 135f
– im Krankenhaus 11, 18–20, 23–26, 37, 39, 51f, 80, 117–126
Sozialmedizin 19
Sozialrecht 39, 109
Sozialvisite 99f
Statistik 94–96

Stellenbeschreibung 26f

Teilhabe 51

Unterstützung, persönliche 71
Unterstützungsbedarf 46–49, 6–66, 131

Verantwortung 112–114
Versorgung, integrierte 134
Versorgungsbedarf 127f

Zielgruppe 37
Zukunft Sozialer Arbeit 127–133
Zusammenarbeit 28f, 30

Albert Mühlum / Norbert Gödecker-Geenen
Soziale Arbeit in der Rehabilitation

(Soziale Arbeit im Gesundheitswesen; 1)

2003. 171 Seiten. 21 Abb. 2 Tab. UTB-S (3-8252-2473-2) kt

Das Buch führt in den Arbeitsbereich Soziale Arbeit in der Rehabilitation ein: Zentrale Begriffe werden definiert, die Autoren stellen Formen der Rehabilitation, ausgewählte Konzepte und Qualitätsstandards übersichtlich dar und diskutieren politische, ethische sowie rechtliche Aspekte – vor allem relevante Ausschnitte des neuen Sozialgesetzbuches (SGB IX).

Die Rehabilitation ist die wichtigste Strategie einer Politik für Menschen mit Behinderungen. Ihre doppelte Aufgabe besteht darin, Menschen mit einer Behinderung für das Leben in der Gesellschaft und die Gesellschaft für das Zusammenleben mit behinderten Mitbürgern vorzubereiten. Dafür ist professionelle Unterstützung notwendig, die über die medizinische Versorgung hinaus geht. Im Spannungsfeld von Mitmenschlichkeit und Ökonomie ist der Sozialen Arbeit die Sorge für Teilhabe und Integration aufgetragen – ein wichtiger Baustein für den Erfolg von Rehabilitations-Maßnahmen. Ein übersichtlicher Informationsband für Studierende der Sozialarbeit / Sozialpädagogik und für Berufseinsteiger.

Stephan Sting / Cornelia Blum
Soziale Arbeit in der Suchtprävention

Das vorliegende Buch bietet einen systematischen Einblick in die Suchtprävention aus der Sicht einer gesundheitsorientierten Sozialen Arbeit. Von erziehungs- und sozialwissenschaftlichen Fragestellungen ausgehend, wird das Feld der Suchtprävention vor allem im Hinblick auf seinen Beitrag zu einer gesundheitsförderlichen Persönlichkeitsentwicklung und Lebenspraxis in unserer Gesellschaft betrachtet.
Die Autoren setzen sich mit aktuellen Tendenzen im Konsum von psychoaktiven Substanzen auseinander, um auf diese Weise die Relevanz suchtpräventiver Zugänge einschätzen zu können. Sie stellen die wichtigsten suchtpräventiven Konzepte vor und setzen sich kritisch mit den institutionellen Rahmenbedingungen von Suchtprävention auseinander, die wesentlichen Einfluss auf die gegenwärtig etablierten handlungsleitenden Konzepte und Strategien haben. Perspektiven für die Weiterentwicklung suchtpräventiver Arbeit runden diesen Band ab. Eine wichtige Orientierungshilfe für Berufseinsteiger und Studierende der Sozialarbeit und Sozialpädagogik.

(Soziale Arbeit im Gesundheitswesen; 2)

2003. 167 Seiten. UTB-S
(3-8252-2474-0) kt

H. Weiß / G. Neuhäuser / A. Sohns
Soziale Arbeit in der Frühförderung und Sozialpädiatrie

(Soziale Arbeit im Gesundheitswesen; 3)

2004
176 Seiten
9 Abb. 5 Tab.
UTB-S
(3-8252-2548-8) kt

Im Band „Soziale Arbeit in der Frühförderung und Sozialpädiatrie“ werden die professionellen Hilfen für Kinder und ihre Familien, die durch eine Behinderung oder deprivierende Lebensbedingungen in ihrer Entwicklung gefährdet sind, dargestellt. Die beiden Arbeitsfelder Frühförderung und Sozialpädiatrie werden hinsichtlich ihres Selbstverständnisses, ihrer Strukturen, Berufsgruppen und Arbeitsprinzipien und geschichtlichen Entwicklung beschrieben, auch ethische Fragestellungen werden angesprochen. Speziell zeigt der Band die Aufgaben, die sich für SozialpädagogInnen in diesen beiden Arbeitsfeldern ergeben.

J.-C. Student / A. Mühlum / U. Student
Soziale Arbeit in Hospiz und Palliative Care

Der Band „Soziale Arbeit in Hospiz und Palliative Care" bietet eine systematische Einführung in die Soziale Arbeit in Hospizeinrichtungen und auf Palliativstationen und ihre Angebote für sterbende und trauernde Menschen. Dazu gehören auch die Auseinandersetzung mit der eigenen Sterblichkeit, die mitmenschlich-solidarische und gesellschaftspolitische Herausforderung sowie rechtliche und ethische Fragen. Im Zentrum steht die Unsicherheit des Menschen gegenüber Sterben, Tod und Trauer. Hospizbewegung und Palliative Care wollen das Sterben in den Alltag zurückholen und für alle Beteiligten erträglicher machen. Zu ihren Strategien gehören: ganzheitliche Begleitung, Ermutigung und Versorgung in verschiedenen Settings, Mobilisierung von Ressourcen, Hilfe für Helfende und nicht zuletzt Aufklärung der Öffentlichkeit. Eine besondere Aufgabe ist die Implementierung hospizlicher Prinzipien in bestehende Einrichtungen des Gesundheitswesens. Wo und auf welche Weise die professionelle Soziale Arbeit dabei ihren Beitrag leisten kann, ist das Leitthema des Buches.

(Soziale Arbeit im Gesundheitswesen; 4)

2004. 171 Seiten.
6 Abb. 4 Tab.
UTB-S
(3-8252-2547-X) kt

Hans-Uwe Otto / Hans Thiersch (Hrsg.)
Handbuch Sozialarbeit / Sozialpädagogik

Das führende Kompendium für wissenschaftliche Erkenntnis, praktische Handlungsfelder, berufliche Orientierung und Ausbildung in der Sozialen Arbeit. Das Handbuch markiert für den Gesamtbereich der Sozialen Arbeit den Einstieg in das 21. Jahrhundert. Es fasst bisherige Erfahrungen und Erkenntnisse als Ausgangspunkt für zukünftige Orientierung und notwendige Perspektiven zusammen. In zahlreichen Artikeln wird eine Verknüpfung zu europäischen Problemen und zur internationalen Diskussion geleistet.

Ausführliche Literaturhinweise zu den einzelnen Artikeln und die alphabetische Systematik ermöglichen ein intensives Selbststudium. Als umfassendes Nachschlagewerk wird das Buch zu einem unverzichtbaren Bestandteil der professionellen Sozialen Arbeit werden.

Unter Mitarbeit von K. Böllert, G. Flösser, C. Füssenhäuser und K. Grundwald

2., völlig neu überarb. und aktual. Auflage 2001
2064 Seiten
(3-497-01817-1) gb

Ernst Reinhardt Verlag • München Basel
E-Mail: info@reinhardt-verlag.de
http://www.reinhardt-verlag.de

ERV reinhardt

Thomas Hülshoff
Emotionen

Eine Einführung für beratende, therapeutische, pädagogische und soziale Berufe

2., überarbeitete Auflage 2001
335 Seiten. 36 Abb. 2 Tab. UTB-M
(3-8252-2051-6) kt

Blinde Wut oder panische Angst, himmelhochjauchzende Freude oder tiefe Depression – Gefühle bestimmen unser Leben ganz wesentlich. Ein sinnvoller Umgang mit den eigenen Gefühlen und den Gefühlen anderer setzt ein Verständnis dieser oft höchst komplizierten Vorgänge voraus. Das ist elementar für alle sozialen Berufe.
Thomas Hülshoffs Buch, das nun in 2. überarbeiteter Auflage vorliegt, ist eine fundierte und gut lesbare Einführung in die Emotionspsychologie. Der Autor bezieht aktuelle neurophysiologische Erkenntnisse und biologische Wurzeln unserer Emotionen ebenso ein wie ihre soziale Bedeutung und den kulturellen und familiären Kontext, in den die Gefühle eingebettet sind. Neu hinzugekommen ist ein Kapitel zur emotionalen Dimension von Gesundheit und Krankheit. Dieses Lehrbuch ist didaktisch aufgebaut, praxisnah und verständlich gestaltet mit Fallbeispielen, Übungen sowie zahlreichen Abbildungen.

Wolfgang George / Ute George
Angehörigenintegration in der Pflege

In der professionellen Pflege bemüht man sich zunehmend um eine adäquate Integration der Angehörigen im Gesundheitswesen. Dieses Buch zeigt fachlich fundiert und praxisnah, wie die einzelnen Berufsgruppen im Gesundheitswesen die Angehörigenintegration verbessern können. Dabei werden die einzelnen Schritte im Versorgungsprozess untersucht: Vom Erstkontakt über Informations-, Beratungs- und Konfliktgespräche bis hin zur Rückkehr des Patienten ins eigene Heim bieten sich zahlreiche Möglichkeiten, Angehörige sinnvoll einzubinden und damit Genesung und Wohlbefinden des Patienten zu fördern. Besonderen Herausforderungen wie der Sterbebegleitung, Intensivstation oder der Situation von Eltern erkrankter Kinder wird ebenfalls Rechnung getragen. Diskutiert werden außerdem die Angehörigenintegration als Unterrichtsthema in Ausbildung und Lehre und die Konsequenzen für ein Qualitätsmanagement im Gesundheitswesen.
Mit Literaturempfehlungen, Glossar und Schlüsselbegriffen am Ende jedes Kapitels – besonders für Ausbildung und Studium geeignet!

Unter Mitarbeit von Y. Bilgin, G. Dannenmaier, G. Drouven, W. Hargens

Mit einem Vorwort von U. Prümel-Philippsen

2003. 262 Seiten
9 Abb. 41 Tab.
(3-497-01676-4) kt

Ernst Reinhardt Verlag • München Basel
E-Mail: info@reinhardt-verlag.de
http://www.reinhardt-verlag.de

reinhardt